UNNÜTZES
WIS
SEN

SCHWABEN

Hartmut Ronge

UNNÜTZES
WISSEN

SCHWABEN

Skurrile Fakten zum Angeben

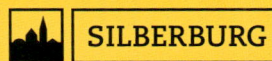

SILBERBURG

Schwaben heißt
auf Englisch Swabia,
auf Französisch Souabe,
auf Italienisch Svevia,
auf Griechisch Souivia und
auf Türkisch Suabiya.

Häberle und Pfleiderer waren ein von Oskar Heiler und Willy Reichert gespieltes schwäbisches Komikerduo. Die Figur Häberle hieß mit Vornamen Adolf und war Obersekretär, Pfleiderer hieß Wilhelm und arbeitete als Gipsermeister.

Schleimer! In Bad Wurzach leben in Kings Schneckengarten über 45.000 Weinbergschnecken. In der riesigen Zuchtanlage genießen die Weichtiere Sonnenblumen, Raps, Kohl, Mangold und Zichorien – bis sie eines Tages bei Feinschmeckern auf dem Teller landen.

Schwaben first! Nevzat Salim hat den ersten Döner in Deutschland verkauft. Ein altes Foto von 1969 zeigt ihn mit seinem Vater in einem mobilen Döner-Stand vor dem Reutlinger Rathaus.

Ein »Muggaseggele«: die kleinste schwäbische Einheit für Länge, Volumen, Gewicht oder Zeit. Es bezieht sich auf das Geschlechtsorgan der männlichen Stubenfliege.

Das in schwäbischer Mundart viel-
zitierte »Herrgöttle von Biberach« ist in
Wirklichkeit das »Herrgöttle von Biberbach«. Das große hölzerne Kruzifix aus dem
13. Jahrhundert befindet sich in der dortigen
Wallfahrtskirche St. Jakobus, St. Laurentius
und zum Heiligen Kreuz.

Du Horst! Das Militär unterscheidet nicht zwischen Flug-
platz und Flughafen, sondern nutzt die eigene, historisch
gewachsene Bezeichnung Fliegerhorst. In Schwaben gibt
es zwei: Stuttgart und Laupheim.

Rechts? Noi, lenks!!! Auf der A81
Singen Richtung Stuttgart gibt es bei
der Anschlussstelle 27 Gärtringen
eine Autobahnausfahrt, bei der man
von der linken Spur aus nach links
von der Autobahn abfahren muss.

Es gibt in Deutschland aktuell 10.984 verschiedene
Familiennamen, die mit der schwäbischen Endung -le
enden.

Schwabenweber. 1488 beschloss der Rat der Stadt
Nürnberg schwäbische Weber anzuwerben, um
dem Textilgewerbe einen Aufschwung zu verschaffen.
So ließ man auf dem verfüllten inneren
Stadtgraben sieben Häuserzeilen
errichten und nannte die Gegend
Schwabenberg. Die sieben
Zeilen waren eine der ersten
Arbeitersiedlungen
Deutschlands.

Ob dees fusslt? Im bunten Steiff-Museum in Giengen an der Brenz gibt es den weltweit größten Streichelzoo. Und mit der 15 Meter langen Schlangenrutsche die größte Plüsch-Rutsche der Welt.

Das älteste bekannte Wappen von Illertissen zeigte 1488 u. a. drei Disteln – die man als Tissen bezeichnete. So kam die Stadt an der Iller zu ihrem Namen.

Am 14. Juni 1939 meldete der schwäbische Tüftler und Schlossermeister Robert Kull aus Stuttgart das Patent an für seine »Teigpresse aus einem mit Teigaustrittslöchern versehenen Topf und einem Handstempel«. Der »Spätzleschwob« war geboren – ein neuer Küchenhelfer aus Aluminium mit 89 Öffnungen – ideal für das schwäbische Nationalgericht. Und ein beliebtes Hochzeitsgeschenk.

Der Name Ober- und Unterkochen leitet sich von der Lage am Fluss Kocher ab. Kocher wiederum leitet sich vom keltischen »Kukana« ab, was so viel heißt wie »die Gebogene«.

Der evangelische Pfarrer Adam Bürkle aus Plattenhardt gründete im Jahr 1878 die Stadt Stuttgart in Arkansas, USA.

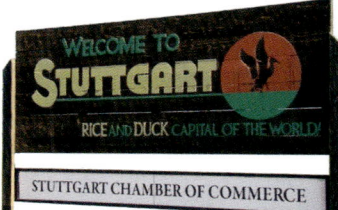

Den kürzesten Namen einer schwäbischen Gemeinde hat der zu Senden gehörende Ortsteil Ay.

Pech im Spiel, Glück in der Liebe? Der adlige Herumtreiber Giacomo Casanova musste sich im Jahr 1760 bei Nacht und Nebel aus Stuttgart davonmachen – weil er im Hotel zum Bären im Glücksspiel verlor.

Die Tübinger Universität wurde am 11. März 1477 von Graf Eberhard im Barte mit den Fakultäten Jura, Medizin, Philosophie und Theologie gegründet – und mit seinem Motto »Attempto« versehen: Ich wag's.

»Wenn ich viel reisen sollte, wollte ich nirgend lieber, denn durch Schwaben … ziehen, denn sie sind freundlich und gutwillig, herbergen gerne, gehen Fremden und Wandersleuten entgegen, und thun den Leuten gütlich und gute Ausrichtung um ihr Geld.« Martin Luther

Als bei der Apollo 1 ein Feuer ausbrach, kamen alle drei Astronauten ums Leben. Daraufhin kontaktierte die NASA den schwäbischen Papierspezialisten »Scheufelen« – und so reiste 1969 nicht entflammbares Papier mit der Apollo 11 Mission mit auf den Mond.

Der Pomeranzengarten beim Leonberger Schloss ist einer der wenigen in Europa erhaltenen Terrassengärten aus der Zeit der Hochrenaissance.

Die Bewohner rund um Bopfingen wurden früher Gelbfüßler genannt, weil sie einst ihrem Herzog einen Wagen voller Eier als Zins bringen mussten, diese komprimiert stapeln wollten, sie deshalb aus Dummheit zertrampelten – und dadurch gelbe Füße bekamen.

Zungenbrecher von Eduard Mörike: »'s leit a Klötzle Blei glei bei Blaubeura – glei bei Blaubeura leit a Klötzle Blei.«

Auf dem Calwer Schafott im Stadtwald auf dem Wimberg fand im Jahr 1818 die letzte Hinrichtung statt. Es war auch der Platz der Calwer Hexenverbrennungen.

Bei Urnau am Höchsten befindet sich Deutschlands erste Bergrennstrecke für Radsportler mit kostenlosen Zeitnahme-Stationen. Vom »Stoppomat« aus müssen auf der 8,2 Kilometer langen Strecke 333 Höhenmeter überwunden werden.

Schwabe heißt ein kleiner Krater am nordöstlichen Rand auf der Vorderseite des Mondes. Seine neun Nebenkrater heißen Schwabe C, Schwabe D, Schwabe E, Schwabe F, Schwabe G, Schwabe K, Schwabe U, Schwabe W und Schwabe X.

Max Horkheimer, der Begründer der »Kritischen Theorie«, ging in Stuttgart zur Schule, wurde 1895 in der Fabrik seines Vaters Lehrling und verführte dort dessen Privatsekretärin.

Der Schuhhersteller Salamander in Kornwestheim entwickelte bereits 1937 den Feuersalamander Lurchi als Comicfigur – mit seinen Freunden Frosch Hopps, Zwerg Piping, Mäuserich Mäusepiep, Igel  **Igelmann sowie Gelbbauchunke und Polizist Unkerich. Der bekannteste Schlussreim der fast 160 Lurchi-Abenteuer lautet: »Lange schallt's im Walde noch: Salamander lebe hoch!«**

Sebastian Grotz war der letzte Hofnarr des Fürstabtes von Kempten. Auf den zwei gittergeschmückten Balkonen des Zumsteinhauses führte er an Markttagen seine Späße vor. Wegen angeblichen Silberdiebstahls sollen ihm beide Hände abgetrennt worden sein.

Quadratisch. Magisch. Gut. Bereits nach nur einem Tag war die glitzernde rosa-weiße Einhorn-Schokolade Sonderedition des Waldenbucher Unternehmens Ritter Sport ausverkauft.

Die auf dem Kapellenberg im Landkreis Tübingen stehende Wurmlinger Kapelle heißt eigentlich Sankt-Remigius-Kapelle.

Klaus Birkel verkaufte wenige Jahre nach dem Flüssig-ei-Skandal 1985 sein Endersbacher Nudel-Imperium, wanderte in die USA aus und wurde Rinderfarmer in Texas.

We only schwätzat Schwäbisch! Alleine im Jahr 1816 wanderten über 15.000 Schwaben in die USA aus. Gründe der Völkerwanderung waren u. a. die Teuerung, die hohe Arbeitslosigkeit, hohe Gebühren, Abgaben aller Art an den Adel sowie Repressalien durch Beamte und Bürgermeister.

Der Blutritt im oberschwäbischen Weingarten ist Europas größte Reiterprozession. Seit über 950 Jahren sollen sich in einem Erdklumpen einige Tropfen vom Blut Jesu als Heilig-Blut-Reliquie in der Klosterkirche befinden.

Als Herzog Carl Alexander 1717 mit der kaiserlichen Armee in die Schlacht von Belgrad zog und dort seinen Hund verlor, soll der Mops alleine die ganzen 1.200 Kilometer nach Hause ins Waiblinger Schloss Winnental getrippelt sein.

1,642 Kilometer! Metzgermeister Ede Straßer produzierte am 28. März 2004 in Herrenberg die längste Maultasche der Welt – und landete damit im »Guinness-Buch der Rekorde«.

Auf Schloss Kaltenstein in Vaihingen an der Enz wurde 1949 von Arnold Dannenmann das erste Jugenddorf gegründet. Der evangelische Pfarrer bot nach dem Krieg orientierungslosen jungen Menschen Bleibe und Ausbildungsplatz. Sein Leitspruch: »Keiner darf verloren gehen!« Heute betreut das CJD (Christliches Jugenddorfwerk Deutschland) bundesweit rund 160.000 Menschen.

Märklin begann mit der Produktion von Blechspielzeug-Puppenküchen – erst später kam die Eisenbahn dazu. 1895 wurde in Göppingen der erste Katalog gedruckt.

Memmingen ist auch als Maustadt bekannt. Die Legende besagt, dass eines Tages Trunkenbolde nach dem Besuch des Goldenen Löwen sahen, wie sich der Mond (Mau) in einem großen Wasserzuber spiegelte. Sie riefen den Stadtfischer, um ihn herauszufischen …

In der Postfiliale Nagold hat im November 2017 ein übelriechendes Paket einen Großeinsatz ausgelöst – eine Mitarbeiterin musste sich übergeben. Ein Gefahrtrupp der Feuerwehr öffnete das Ganze und entdeckte: ein Paar Frauenschuhe.

Gließ Gottle! Am 22. Mai 2017 wurde in der Outlet-City Metzingen die größte Firmen-Reisegruppe begrüßt, die Deutschland je besucht hat: 2.700 neugierige Asiaten aus Taiwan, China und Hong Kong.

In einem Fels, direkt unter der Schlosskirche in Haigerloch, befindet sich der Standort des 1944 errichteten ersten Atomreaktors der Welt.

Die rund 40.000 Jahre alte »Venus vom Hohle Fels« ist die älteste von Menschenhand geschaffene Figur. Sie ist 6 cm groß, wurde aus einem Mammutstoßzahn geschnitzt und als Schmuckstück getragen. 2008 wurde die Figur in der Karsthöhle Hohler Fels bei Schelklingen entdeckt und ausgegraben.

Filfalt. Das Kultur- und Kongresszentrum heißt Filharmonie, das Sport- und Badezentrum Fildorado, eine Feinkostfirma Fil, die Musikschule Filum und der Chef der Bank Filialleiter. Fil Spaß in Filderstadt.

Sauberle! Was haben die Christus-Statue in Rio, das Riesenrad in London, Fort Anping in Taiwan, das Hermannsdenkmal bei Detmold, die Kolonnaden des Petersplatzes in Rom und die Präsidentenköpfe von Mount Rushmore in den USA gemeinsam? Sie alle wurden schon erfolgreich und mit Hochdruck gekärchert.

Eine 800 m lange Bier-Pipeline verbindet Sudhaus, Gärkeller und Abfüllanlage im Brauereiareal von Alpirsbacher Klosterbräu.

Die weltweit erste Waldorfschule steht auf der Stuttgarter Uhlandshöhe. Der Eigentümer der Waldorf-Astoria-Zigarettenfabrik Emil Molt hat sie am 7.9.1919 als Betriebsschule für die Kinder seiner Arbeiter gegründet – und Rudolf Steiner mit der Schulleitung beauftragt.

Das Wappen von Füssen besteht aus drei schwarzen Beinen – der Name tauchte erstmals Ende des 12. Jahrhunderts als Fuzin oder Fießen auf. Hier wird auch klar, was für Schwabe »Fuaß« bedeutet: Darunter versteht er das gesamte Bein – von den Zehenspitzen bis zum Oberschenkel.

Die Schlagersängerin Andrea Berg wohnt in Kleinaspach, wurde 1966 in Krefeld geboren und ist gelernte Arzthelferin.

Schiedsrichter Rudolf Kreitlein aus Stuttgart verwies bei der Fußball-WM 1966 in England den Argentinier Rattín nach zwei mündlichen Verwarnungen des Feldes. Dieser weigerte sich minutenlang zu gehen und wurde schließlich von Polizisten vom Feld gebracht. Auf der Heimfahrt kam Kreitlein an einer Ampel die Idee mit der Gelben und Roten Karte.

Der »schwäbische Leonardo da Vinci«, Wilhelm Schickhardt aus Herrenberg, konstruierte 1623 die erste Rechenmaschine der Welt – sie hatte nur 11 Zahnräder und beherrschte alle 4 Grundrechenarten bis 1 Million. Johannes Kepler aus Weil der Stadt machte damit astronomische Berechnungen.

Erst 1770 entwickelte der Pfarrer und »Uhrmacher Gottes« Philipp Matthäus Hahn aus Scharnhausen ein alltagstaugliches Modell in Dosenform.

Der Briefmarkenblock zum 20. Jahrestag des Attentats auf Adolf Hitler vom 20. Juli 1944 bestand aus der Serie »Deutsche Bauwerke aus 12 Jahrhunderten«. Auf der 50-Pfennig-Briefmarke der Serie ist das Schlosstor des Ellwanger Renaissanceschlosses »Schloss ob Ellwangen« abgebildet.

Donauwörth hieß früher Werd, Donawerda und auch eine Zeit lang Schwäbischwerd bzw. Schwäbisch Wörth.

Das Bietigheimer Eisenbahnviadukt mit seinen 21 Bögen war Teil der ersten Eisenbahnverbindung zwischen Württemberg und Baden. 1935 wurden in mehreren Pfeilern des Viadukts Sprengkammern eingebaut, um die Brücke im Falle einer feindlichen Invasion unbenutzbar machen zu können.

Der Bodensee hat ein Volumen von 48 km³.
Das ist ein Würfel mit 48 Kilometern Seitenlänge!

Ois uff d'Brezl? Das schwäbische National-
gebäck soll von einem Bäcker aus Bad
Urach erfunden worden sein, der wegen
einem Vergehen bestraft werden sollte.
Für seinen Landesherrn sollte er etwas
backen, durch das die Sonne dreimal
scheint ..., »dann wirst du nicht gehenkt, dein Leben
sei dir frei geschenkt.« So kreierte er die Brezel.

Die ursprüngliche Burg Hohen-
zollern (»Castro Zolre«) wurde
1267 als die »Krone aller Burgen
in Schwaben« und als »das
vesteste Haus in teutschen
Landen« gerühmt. 1423 wurde
sie völlig zerstört. Der Bau der
heutigen Burg wurde 1850 begonnen und 1867 vollendet.

Die witzigsten schwäbischen Ortsnamen lauten:
Pflaumloch, Siehdichfür, Busenweiler, Grünkraut,
Deppenhausen, Rattenharz, Hebsack, Mückenloch,
Schwäblishausen, Ungeheuerhof und Killer.

Der Stuttgarter Schlossplatz wurde in
den 60er Jahren des 19. Jahrhunderts
von einem Exerzierplatz in einen Blu-
mengarten zum Flanieren umgestaltet.
Die beiden großen Springbrunnen wurden 1863 in Wasseralfingen gegossen.
Die acht Puttenfiguren symbolisieren
jeweils einen württembergischen Fluss.

Der am 18. Juli 1013 geborene Schwabe Hermann der Lahme hat sich als Mönch des Klosters Reichenau in seinem Werk »Chronicon« um eine präzise Jahreszählung bemüht – und die Einteilung der Geschichte in die Zeit »vor« und »nach« Christus eingeführt.

Die Sommerbergbahn, Baden-Württembergs höchste Standseilbahn, verbindet bereits seit über 100 Jahren Bad Wildbads Zentrum mit dem Sommerberg. Auf 738 Metern Länge wird eine Höhendifferenz von 291 Meter überwunden. Hunde benötigen eine Kinderfahrkarte.

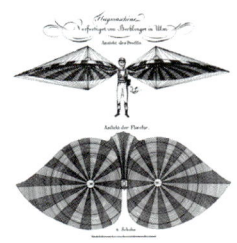

Albrecht Ludwig Berblinger, der berühmte Schneider von Ulm sowie Flugpionier und Erfinder, wollte einst vom Ulmer Münster hinabgleiten, was ihm die Kirche untersagte – glücklicherweise. Sein spektakulärster Flugversuch geriet im Mai 1811 mit einer Bruchlandung in der Donau zur Blamage.

Die Dinkelsbühler haben zwei Spitznamen: Blausieder und Mondspritzer. a) Ein Ratsherr träumte bei einer Gerichtsverhandlung von einem blau gesottenen Wörnitzkarpfen und rief schlaftrunken zum Angeklagten: »Blausieden sollte man ihn!« b) Als in der Biedermeierzeit der Turmwächter von St. Georg eines Nachts Feueralarm auslöste, sah die Feuerwehr den blutroten Mond hinter dem Dach des Hauses aufgehen – dann hieß es: Wasser marsch!

Der kürzeste internationale Linienflug der Welt: 2016/17 flog die Airline »People's Viennaline« in nur acht Minuten vom schweizerischen Altenrhein über den Bodensee nach Friedrichshafen.

Herrgottsbscheißerle: Die Maultasche wurde Mitte des 15. Jahrhunderts zur Fastenzeit im Kloster Maulbronn erfunden. Mönch Jakob brachte ein Stück Schweinefleisch aus der Stadt mit, versteckte es kleingehackt zwischen den anderen Zutaten (Kräuter, Zwiebeln, Eier, Brot) und ummantelte das Ganze mit Nudelteig.

In Horb am Neckar findet jährlich über drei Tage eines der größten Mittelalterspektakel Deutschlands statt – die Horber Ritterspiele.

Die Staatstheater Stuttgart mit den Bereichen Oper, Ballett und Schauspiel sind das größte Dreispartenhaus der Welt – mit 1.350 Mitarbeitern.

Schloss Solitude (franz: Einsamkeit) wurde zwischen 1763 und 1769 als Jagd- und Repräsentationsschloss für Herzog Carl Eugen von Württemberg erbaut. Innen gibt es einen ausgesägten Tisch zu bestaunen, an dem König Friedrich I. von Württemberg saß – weil der dicke Kerle so en großa Ranza g'het hôt!

Pro Jahr holen die Bodenseefischer über 800 Tonnen Bodenseefelchen aus dem Wasser. Felche ist die regionale Bezeichnung für Fisch – ein lachsartiger Speisefisch, auch Renke, Maräne oder Schnäpel genannt.

Hier beginnt der Orient! Diesen Satz hörte man oft, wenn man Ende des vorigen Jahrhunderts von Ulm nach Neu-Ulm über die Gänstorbrücke ging und das erste Geschäft auf bayerischem Boden sah: eine Teppichhandlung.

Mit 32,9 Sekunden beim Aufbau eines Löschangriffs und 58,5 Sekunden beim Staffellauf gewann die Kuppinger Feuerwehr bei der Feuerwehrolympiade 2017 in Villach die Goldmedaille.

 Sioux ist der Erfinder des Mokassins in Deutschland. Auch die Polizei wird mit Schuhen aus Walheim ausgestattet. Da dabbt mr net, da schleicht mr!

Der 216,60 Meter hohe Stuttgarter Fernsehturm ist der weltweit erste Fernsehturm mit einer Stahlbetonkonstruktion – er wurde 1956 eröffnet. Die Bausumme von 4,2 Millionen DM wurde bereits nach nur fünf Jahren durch die Eintrittsgelder wieder erwirtschaftet.

Zom Fenschdr naus! In Stuttgart baut man den pünktlichsten barrierefreien Kopfbahnhof mit 17 Gleisen zurück zu einem Durchgangsbahnhof mit nur 8 Gleisen, bekommt die weltweit schrägste Bahnsteig-Neigung von 15 Promille (6-mal über dem gesetzlich erlaubten Grenzwert), braucht viel mehr Energie durch Aufzüge, Rolltreppen, Beleuchtung. Und bohrt 60 Kilometer Tunnel durch quellfähiges Anhydrit-Gestein. Die Bachl!

Das älteste Kinderfest Deutschlands ist das Nördlinger Stabenfest – es geht bis auf das Jahr 1406 zurück.

Um 1900 trug Schramberg den Titel »Welthauptstadt der Uhren«. Mit 3.000 Beschäftigten und 3 Millionen Uhren pro Jahr war Junghans die größte Uhrenfabrik der Welt.

Rund 200 Kilometer ihrer 2.860 Kilometer langen Reise nach Osten ins Schwarze Meer schlängelt sich die Donau durch Schwaben.

Sonthofen ist die am südlichsten gelegene Stadt Deutschlands. Im Heimathaus ist eine Leprarätsche ausgestellt, mit der um 1584 Aussätzige auf dem Weg zur Kirche auf sich aufmerksam machen mussten.

In Stetten am kalten Markt soll einst mitten im Sommer im Juni eine Geiß auf dem Marktplatz erfroren sein – und dadurch der Stadt ihren Namenszusatz geschenkt haben.

Zur Fasnet gibt es in Stetten das Bock-Määh-Mahli. Das Süßgebäck besteht aus Schokobiskuit mit Bockmilch-Cremefüllung und Kirschen darauf.

Die fünf Liliput-Lokomotiven im Höhenpark Killesberg, mit denen man auf einem 2,1 Kilometer langen Rundkurs in offenen Waggons über das Gelände fahren kann, heißen Tazzelwurm, Springerle, Blitzschwob, Schwobapfeil und Santa Maria.

Die erste im 3. Jahrtausend heiliggesprochene Deutsche ist die Webertochter Anna Höß (1682–1744). Als Ordensschwester Crescentia lebte sie im Kloster Kaufbeuren und wurde 2001 von Papst Johannes Paul II. in das Verzeichnis der Heiligen aufgenommen.

Die Speick-Seife kommt aus Stuttgart-Möhringen. Man kann aus Speickkraut auch Tee oder Wein herstellen.

»Pfullenger Onderhos«. So heißt im Volksmund der Schönbergturm in Pfullingen, das Wahrzeichen der Stadt.

In Steinheim an der Murr wurde der Trennschleifer erfunden – und fast kein Handwerker kommt mehr ohne ihn aus. »Die Flex« hat sogar den deutschen Wortschatz bereichert und wird im Duden wie folgt beschrieben: »tragbares, mit einer Trennscheibe ausgestattetes und mit einem Elektromotor betriebenes Gerät, mit dem harte Materialien (wie Stein, Beton, Metall) zersägt werden können.«

»Bubaspitzle« werden aus festem Kartoffelteig mit gleich viel Mehl wie Kartoffeln zu spitz zulaufenden Klößchen geformt, kurz in Salzwasser gegart und goldbraun angebraten – en dr guada Buddr!

Der Kleinplanet »Laupheim« umkreist die Sonne in einem Umkreis von 469 Millionen Kilometern.

Wer die Schwarzwälder Kirschtorte erfunden hat, ist nicht geklärt. Sowohl der Tübinger Konditor Erwin Hildebrand, der sie ab 1930 servierte, als auch der in Riedlingen geborene Josef Keller

(1887–1981) reklamierten die Spezialität für sich.

La cucaracha! Die Schabe bezeichnete man früher umgangssprachlich als Schwabenkäfer, teilweise auch nur als Schwabe. Man nannte sie aber auch Preuße, Russe oder Franzose – je nachdem, was für ein »Feindbild« man hatte ...

Die Entfernung von Sindelfingen zum Südpol beträgt 15.399 Kilometer.

Das älteste, in Stein gemeißelte Württemberger Wappen befindet sich am Sockel des Markgröninger Pfarrhauses. Es stammt vermutlich aus dem 13. Jahrhundert von den Grafen von Grüningen.

Das Wort »Schwabensprung« verwendete man früher scherzhaft für eine Reise über eine relativ kurze Strecke. Um 1758 schrieb Gleim an Lessing: »vielleicht dasz ich einen Schwabensprung thue, von Halberstadt nach Leipzig.« Lessings Antwort lautete: »ja, liebster Gleim, lassen sie sich ja nichts abhalten, das Schwabensprüngelchen zu thun.«

Der römische Limes verlief mitten durch das heutige Welzheim. Mindestens 700 Mann waren als Sicherung vor Ort.

Um 1190 traf ein schwäbischer Ritter beim Dritten Kreuzzug einen feindlichen Reiter so mit dem Schwert, dass dieser der Länge nach geteilt von seinem Pferd sank. Bei Ludwig Uhland heißt es dazu: »er (der Kaiser) sprach:
›Sag an, mein Ritter wert!
Wer hat dich solche Streich' gelehrt?‹
Der Held bedacht sich nicht zu lang:
›Die Streiche sind bei uns im Schwang;
sie sind bekannt im ganzen Reiche,
man nennt sie halt nur Schwabenstreiche.‹«

Ätschegäble! Seit November 2009 sind Maultaschen mit ihren weit über 100 Rezepten urheberrechtlich geschützt. Laut Europäischer Union darf die schwäbische Spezialität nur noch aus Baden-Württemberg und dem bayerischen Regierungsbezirk Schwaben kommen.

Ein Schlager von Ralf Bendix & den Halodries im Jahre 1964 hieß: »Schaffa, schaffa, Häusle baua, und net nach de Mädle schaua, und wenn onser Häusle steht, da gibt's noch keine Ruh, denn dann spara mir, dann spara mir, für ne Ziege und ne Kuh.«

In Heidenheim gibt es einen Herrn Heiden und einen Herrn Heim.

Während der Fußball-WM 2006 hatte die Nationalmannschaft von Togo ihr Quartier in Wangen im Allgäu.

Die weltweit größte Kolonie von Seelilien ist im Urweltmuseum Hauff in Holzmaden zu sehen – die versteinerten Exponate aus dem Jura-Zeitalter sind 180 Millionen Jahre alt.

Der Begriff »Schwaben« wird heute oft deckungsgleich mit »Württemberg« verwendet. Eine bessere Definition lautet: Es beschreibt die Gegend zwischen dem Schwarzwald im Westen und dem Lech im Osten, dem Bodensee im Süden und dem südlichen Teil der Region Heilbronn-Franken im Norden.

Schwaben ist auch ein Regierungsbezirk des Freistaats Bayern.

In der Böblinger Panzerkaserne befindet sich auf 13.200 m² Deutschlands größter amerikanischer Supermarkt.

Schwaben heißt auf Tschechisch Švábsko, auf Russisch Švabija, auf Estnisch Švaabimaa und auf Chinesisch Shī wǎ běn

Schreibt ein Schwabe an seinen Sohn: »I han dir wella no a bissle Geld mitschicka, aber dr Brief war leider scho zu'klebt …«

25

Die Geislinger Steige gilt als die erste Gebirgsquerung einer Eisenbahn in Kontinentaleuropa – mit einer Steigung von bis zu 22,5 Promille.

Flädle sind dünne, in Streifen geschnittene, zuvor in Öl ausgebackene Eierkuchen.

Vorurteile gegenüber den Schwaben: Sie sind auf der ganzen Welt. Sie loben selten. Sind sparsam, ja knauserig. Machen ungern Geschenke. Sind grob und direkt. Haben keine Angst vor »großen Tieren«. Sind zuverlässig. Putzen immer und alles. Sind fleißig. Bauen Häusle. Sind Dichter, Denker und Erfinder.

Das Heilige Grab zu Altshausen ist kein Grab – sondern die 1763 in einer Kapelle gefertigte bildliche Darstellung von Leiden, Tod und Auferstehung Jesu – perspektivisch gestaltet durch sieben hintereinanderstehende Arkaden, 23 Bildtafeln aus Holz sowie zwei große bemalte Leinwände.

685.000 Ampère! Auf einem Feld in Dürrenstetten bei Münsingen soll Anfang Juni 2018 der bisher stärkste bekannte Blitz Deutschlands niedergegangen sein.

Laut dem Deutschen Wörterbuch der Gebrüder Grimm von 1854 sind »Schwabenbrödlein im elsasz eine besondere art von gebäck«.

Mit rund 3.500 Spendern pro Jahr ist die DRK-Blutspende in Tripsdrill eine der größten Aktionen ihrer Art in Deutschland.

»Schwabenpulver« gehört seit langer Zeit zu den Standardmitteln der Schädlingsbekämpfer – vor allem gegen Schaben. Das arsenhaltige Mineral wurde im Erzgebirge im Gebiet von Schneeberg abgebaut – bereits um 1800 wurde die im Jahr geförderte Menge von 20 Zentnern vermeldet.

Mit zunehmender Industrialisierung entstanden immer mehr Rezepturen und Marken, die fantasievolle Namen trugen und mit dem Synonym »Schwaben« spielten: Aiwa Schwabentod, Antischwabin, Terror Schwabenpulver oder »Schwabentod-Russofin« – das wegen der Natrium-Siliciofluorat-Gehalte auch zum bevorzugten Gift für Selbstmörder wurde.

Über 600 Unternehmen: Tuttlingen gilt als »Welthauptstadt der Medizintechnik«.

Die vom Aussterben bedrohte nierenförmige, rosa-braun gescheckte Schwabenbohne gehört zur Gattung der Feuerbohnen.

44,3 Prozent der Gemarkung von Zwiefalten liegen im Biosphärengebiet Schwäbische Alb.

Mehr als 2.200 Mundharmonika-Spieler haben in Trossingen einen neuen Weltrekord aufgestellt. Sie bildeten das größte Mundharmonika-Ensemble der Welt.

»Schwäbische Stampfer« waren traditionell und korrekt arbeitende Papiermacher, die, wie es heißt »die wunderlichen Gebräuche der Stampfer und Glätter nicht angenommen haben ... Sie gehören größtenteils noch zu denen, welche die vom Kaiser Ferdinand dem Dritten unter dem 27ten Nov. 1656 für die in seinen Erblanden befindlichen Papiermacher festgesetzten Gebräuche noch beibehalten haben.«

Der Feuersee in Stuttgart-West, direkt neben der Johanneskirche, diente als Löschwasser-Reservoir gegen Brände im Stadtgebiet. Ab 1566 wurden der Bärensee, der Neue See und der Pfaffensee als Trinkwasserreservoir für die Stadt angelegt. Seit 1958 bezieht Stuttgart große Teile des Trinkwassers über entsprechende Leitungen direkt vom Bodensee.

Oifach subbr! Rottweil ist nicht nur die älteste Stadt Baden-Württembergs und die Heimat des gleichnamigen Hundes, der Aufzugstestturm von thyssenkrupp hat auf 231 Metern die höchste Besucherplattform Deutschlands, und die »Neckarline« soll mit 606 Metern die längste Fußgänger-Hängebrücke der Welt werden.

Die Entfernung von Leutkirch im Allgäu zum Nordpol beträgt 4.703 Kilometer.

Buggl nuff, Buggl na. Bei der Erstbesteigung des Nanga Parbat 1953 war eine Erfindung von Dr. Richard Hengstenberg aus Esslingen mit dabei: haltbares Sauerkraut in der Dose!

Unter »Greiz« versteht der Schwabe den gesamten Rücken – vom Hals bis zum Steiß.

Die Schwabenschüssel von 1490 ist »ein steinernes becken vor dem dome zu Speyer. jeder neueingeführte bischof füllte es mit wein, damit jeder bürger der stadt dem bischof ehre erweise. da soff sich zum öfteren die menge toll und voll, und mancher kam weit hergereist zu diesem trunke ...«

In Reimlingen gibt es einen Dränverband. Dränen lügen nicht!

Die Topographia Sueviae entstand 1643 und ist einer der 16 Bände der Topographia Germaniae von Martin Zeiller und Matthäus Merian – mit über 380 schwäbischen Orts- und Landschaftsbeschreibungen.

In der »Beschreibung des Schwaben-Lands« heißt es: »Es seyn die Schwäbische Völcker / ... vor Zeiten groß / mächtig vnd berümbt gewesen /... Dessen Grentzen seyn von Morgen Bäyern / vom Abend der Rhein vnd Elsaß / von Mittag das hohe Tyrol / vnd Schweitzerisch Gebürg / vnd von Mitternacht Franckenland / vnd die vntere Pfaltz.«

So wurden Städtenamen um 1650 geschrieben: Alen (Aalen), Aurach (Bad Urach), Beblingen (Böblingen), Blochingen (Plochingen), Canstat (Bad Cannstatt), Geylendorff (Gaildorf), Grätzingen (Grötzingen), Hirschaw (Hirsau), Imenstatt (Immenstadt), Maulbrunn (Maulbronn), Merspurg (Meersburg), Ow (Owen), Popfingen (Bopfingen), Rotweyl (Rottweil), Thissen (Illertissen), Wineden (Winnenden).

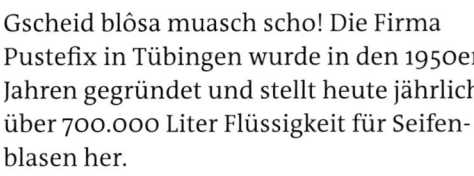

Gscheid blôsa muasch scho! Die Firma Pustefix in Tübingen wurde in den 1950er Jahren gegründet und stellt heute jährlich über 700.000 Liter Flüssigkeit für Seifenblasen her.

Als »Schwäbische Leinwand« bezeichnet man ein lockeres baumwollenes Gewebe mit glatten und klaren Fäden. In alten Schriften heißt es: »Diese allerdünnste Leinwand wird am besten in der Gegend von Ludwigsburg, Nördlingen, Ulm, Urach und Memmingen gemacht und gehört zu den vorzüglichsten Arten in Europa. Sie dient zu feinen Hemden und zu Putz.«

Kneipen oder Kneippen? Sebastian Kneipp widmete sich eher dem Wasser. Er studierte in Dillingen Theologie – und entwickelte an der Donau die Grundlage für den Erfolg seiner berühmten Kur- und Wassertherapie.

Die Sieben Schwaben heißen Herr Schulz, Jackli, Marli, Jergli, Michal, Hans und Veitli.

»Der Reiter und der Bodensee« ist eine 1826 entstandene 62-zeilige Ballade von Gustav Schwab. Sie handelt von einem Mann, der sich im Winter auf festem Grund wähnt, aber in Wirklichkeit über den zugefrorenen Bodensee reitet. Am anderen Ufer erkennt er nachträglich die Gefahr und fällt tot vom Pferd. Als »Ritt über den Bodensee« wird noch heute eine riskante Tat bezeichnet, die einem erst im Nachhinein bewusst wird.

Am 17.08.2009 entdeckte Erwin Schwab den Hauptgürtel-Asteroiden 264020 und nannte ihn Stuttgart.

In Nürtingen wurde 1783 die erste württembergische Realschule gegründet.

Das Bad Wurzacher Ried ist die größte intakte Hochmoorlandschaft Mitteleuropas.

Ein schwäbischer Zungenbrecher: Dr Pabschd hot's Schbätzlesbschdegg zschpät bschdellt. (Der Papst hat das Spätzlebesteck zu spät bestellt.)

In Krünitz' Enzyklopädie von 1842 heißt es: »Man kann auch annehmen, daß keine Deutsche Völkerschaft so gern tanzt, als die Schwäbische; denn wo sich nur eine Violine oder eine

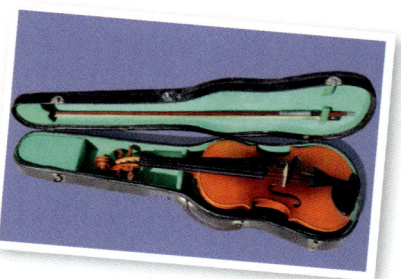

Pfeife hören läßt, da wird auch gleich getanzt ... und man denkt auch nicht daran, sie zu hindern, weil diesem Volke das Tanzen von Natur eigen ist, und es wohl gern Alles läßt, nur nicht das Tanzen, welches seine größte Leidenschaft ist.«

Der Schwäbische Skiverband auf dem Treppchen bei Olympia: Simon Schempp vom SZ Uhingen holte 2018 in Pjöngjang die Silbermedaille im Biathlon-Massenstart, Carina Vogt vom SC Degenfeld brachte 2014 aus Sotschi sogar eine Goldmedaille im Skispringen zurück ins Ländle.

I han nia Durscht – so weit lass i 's fei
net erscht komma! Im April 2018 griff die
Polizei einen 39-jährigen, laut krakeelenden
und randalierenden Schongauer auf.
Die Blutprobe ergab den Rekordwert von
5,24 Promille! Sssowashasssdenonichesehn…

*Die DELAG war die erste Fluggesellschaft der Welt –
ihr 1911 eingesetztes Luftschiff »LZ 10 Schwaben« gilt
als erstes kommerziell erfolgreiches Luftfahrzeug zum
Passagiertransport. Geschwindigkeit: sagenhafte
75 Kilometer in der Stunde.*

Sowohl im Elsass als auch in der Deutschschweiz
bezeichnet man fälschlicherweise alle Deutschen als
»Schwaben«.

Die engste
Straße der
Welt befindet
sich in Reut-
lingen. Die
Spreuerhof-

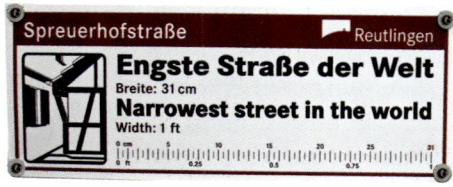

straße ist an der schmalsten Stelle nur 31 cm breit.

**Schon die Römer flößten Waren auf dem Lech von
Füssen nach Augsburg. Um 1600 zählte man in
Augsburg pro Jahr etwa 3500 Flöße –
in der Regel 45 Meter
lang und bis zu 10 Meter
breit. Damit wurden so-
wohl Vieh als auch Wein,
Öl, Kalk und Lebensmittel
transportiert.**

Memmingen ist (zwar) eine kreisfreie Stadt – hat aber dennoch mehrere Kreisverkehre.

Stuttgarter Stäffele. In der Stadt gibt es über 400 öffentliche Treppenanlagen – die meisten in Deutschland. Viele stammen noch aus der Zeit, als Weinbauern die Hänge des Talkessels bewirtschafteten. Heute verbinden sie Stuttgarts Straßen und Wohnviertel in den höheren Lagen am Stadtrand. Die Stäffele haben eine Gesamtlänge von 20 Kilometer.

Das Freudenstädter Lesepult von 1150 zeigt Matthäus, Markus, Lukas und Johannes – es ist eines der bedeutendsten Kunstwerke Schwabens und weltweit einzigartig. Durch eine Öffnung im Deckel konnte man eine Räucherpfanne herablassen, sodass aus den Evangelistensymbolen während der Lesung des Evangeliums Weihrauch strömte.

Als »Schwäbische Türkei« wird die größte deutsche Sprachinsel im heutigen Ungarn bezeichnet. Nach der türkischen Herrschaft wurde das Gebiet Ende des 17. Jahrhunderts von vielen Schwaben besiedelt.

Typisch Häuslebauer! Die erste Bohrmaschine, die nicht mehr ein Tischgerät war, sondern in der Hand lag, wurde 1895 vom schwäbischen Erfinder Emil Fein entwickelt.

Armin Lang, der Erfinder von Äffle und Pferdle, produzierte über 1.500 Folgen mit den beiden schwäbischen Zeichentrickfiguren.

Beim sogenannten Schwabenkrieg ging es um die Vorherrschaft im habsburgisch-eidgenössischen Grenzgebiet. Der Konflikt zwischen der Schweizerischen Eidgenossenschaft und dem Haus Habsburg-Österreich – mit seinem maßgeblichen Verbündeten, dem Schwäbischen Bund – dauerte von Januar bis September 1499.

Der schwäbische Dreisatz:
1. Dees hemmer no nia ghert.
2. Dô kennt ja jeder komma.
3. Dees deen mir scho emmer so.

In Gaildorf wurde 2017 mit 178 Metern das höchste an Land stehende Windrad der Welt gebaut – inklusive Rotorblätter erreicht es eine Höhe von 250 Metern.

Die Ordensschwester Maria Innocentia Hummel lebte ab 1931 im Franziskaner-kloster Sießen bei Bad Saulgau. Durch ihre Kinderbilder und vor allem die Hummel-Figuren aus Keramik wurde sie weltberühmt.

35

Mir gäbet älles! In der Gemeinde Oberstadion steht der größte Osterbrunnen Deutschlands. Über 30.000 Hühner-, Wachtel-, Enten-, Gänse- und Straußeneier schmücken die Ortsmitte.

»Schwäxit« nennt man in Berlin die Zeit, wenn die Schwaben kurz vor Weihnachten die Hauptstadt verlassen, heim ins Ländle fahren ond a Bsüchle machet.

In Isny im Allgäu gibt es einen Steuerzahlerbrunnen. Symbolisch steht die Kuh für den Steuerzahler, der von einem Beamten gemolken wird. Die Milch tropft dabei durch löchrige Eimer und wird am Boden von einer Katze aufgeleckt. So isch »älles für die Katz«. Dr Rescht goht dr Bach na und entfließt in einem kleinen Rinnsal.

Das Schwäbische Meer – der Bodensee – ist mit 572 Quadratkilometer Fläche einer der größten Süßwasserseen der Welt.

Der Waiblinger Konditormeister Theodor Kayser schnitt sich im Jahre 1909 Pappstreifen zurecht, bestrich diese mit Harz, Fett, Honig und Öl und hing sie an die Decke – der Fliegenfänger war geboren. Die »Aeroxon« getauften Leimstreifen wurden millionenfach weltweit verkauft.

Ein Stern, der diesen Namen trägt: Das Mercedes-Benz-Museum ist das größte Museum einer Automarke weltweit.

Schloss Sigmaringen ist das größte aller Donautal-Schlösser. Die Waffensammlung gilt als die größte private Waffensammlung Europas – mit über 3.000 Ausstellungsstücken.

Da kann man nicht mekkan! Ein Stuttgarter Informatiker hat 2012 eine Mekka-App programmiert – damit Muslime nicht immer nur nach Osten beten.

Der dickste Baum Schwabens ist ein Riesenmammutbaum mit einem Umfang von 13,74 Metern. Er steht in Hofstett in Neuweiler bei Calw. Der älteste Baum ist auf dem Gelände des Heuhofs in Bremelau bei Münsingen zu bewundern – die Kapellenlinde soll 885 Jahre auf dem Holz haben.

Schömberg nennt sich »Glücksgemeinde« und hat in einer Lenkungsgruppe aus Verwaltung, Gemeinderäten und Kirchenvertretern den Entwurf eines Zukunftskonzeptes zum Thema »Bruttonationalglück« erarbeitet.

Die schwäbische Pietistenzwiebel ist ein zum Knoten (Dutt) gebundenes Frauenhaar – noch heute anzutreffen in vielen christlichen Gemeinschaften.

Schwarzwald heißt auf Afrikaans
»Swartwoud«, auf Chinesisch
»Hēi sēnlín«, auf Isländisch
»Svartiskógur«, auf Japanisch
»Kuro no mori«, auf Niederländisch
»Zwarte Woud«. Und auf Hawaiianisch
»ele ele nahele«.

Der Schwäbische Heimatbund setzt sich seit seiner Gründung 1949 für Natur- und Denkmalschutz, Landeskunde, Geschichte und Kunstgeschichte ein. »Schwäbisch« bedeutete laut Satzung einst »württembergisch« – inklusive der nördlichen fränkischen Landesteile. Inzwischen gehören auch die bayerischen Schwaben dazu.

Bei der Antarktis-Expedition von 1938/1939 erhielt ein entdeckter Landstrich den Namen »Neuschwabenland«.

Die Werbefigur der Stuttgarter Schirmfabrik Hugendubel war eine Bulldogge – mit einem Stockschirm im Maul. 1909 wurde der Stockschirm als Erfindung von Hugendubel beim Deutschen Patent- und Markenamt angemeldet.

In Ulm und um Ulm und um Ulm herum. Ulm heißt auf Italienisch Ulma, auf Türkisch Ulum, auf Georgisch Ulmi, auf Griechisch Oulm, auf Japanisch Urumu und auf Koreanisch Ulleum.

Die Länge der Erbacher Gemeindegrenze beträgt 62 Kilometer.

Eine traditionelle Veranstaltung in Spaichingen ist die jährliche 50er-Feier. Hier begeht der jeweilige Geburtsjahrgang der 50-Jährigen ein mehrtägiges großes Fest, an dem sich üblicherweise die 60er-, 70er-, 80er- und 90er-Jubilare als Helfer beteiligen.

Der Planetenweg Winterlingen bildet auf einer Strecke von 4,5 Kilometer im Maßstab 1 zu 1 Milliarde unser gesamtes Sonnensystem ab – von der Sonne mit 1,39 Metern Durchmesser bis zum achten Planeten Neptun. Ein Meter entspricht 1 Million Kilometer.

Im Württembergischen Regelsweiler steht ein Haus, dessen Gehweg davor zu Mönchsrot in Bayern gehört. Auch Wasser und Strom wird vom Freistaat geliefert.

Die Europäische Wasserscheide Rhein-Donau (Nordsee–Schwarzes Meer) verläuft über weite Bereiche der Schwäbischen Alb.

Die Stuttgarter Wilhelma, Europas größter zoologisch-botanischer Garten mit rund 10.000 Tieren und 6.000 Pflanzenarten, umfasst eine Fläche von 30 Hektar – das sind ca. 40 Fußballfelder.

20 Weingüter plus ein städtisches Weingut: Stuttgart ist die größte Weinbaugemeinde Deutschlands.

Der Erlebnispark Tripsdrill gilt als der erste seiner Art in Deutschland – er widmet sich ausschließlich dem Thema Schwaben. Der Name soll sich vom wilden Hafer (Trips) ableiten, welcher dort einst gedrillt, also in Reihen ausgesät wurde.

Der in Maulbronn-Zaisersweiher geborene Modedesigner Harald Glööckler heißt mit bürgerlichem Namen Harald Glöckler.

Im Telefonbuch von Rot an der Rot gibt es bei den Familiennamen 1x Braun, 4x Schwarz, 7x Weiß, 7x Grün, 2x Rosa – und kein Mal Rot.

Im 10. Jahrhundert sollen die Nonnen des Klosters Hohenhusen vor den Ungarn geflohen sein und eine Truhe mit ihren Schätzen und Reliquien vergraben haben. Jahre später brachte alles ein Ochse beim Pflügen wieder ans Tageslicht – und an der Fundstelle ist das Kloster Ochsenhausen entstanden.

Die Bodenseeautobahn von Stuttgart nach Singen nennt man auch »Spätzle-Highway«.

Max Fischer stellte 1922 in Ditzingen Bohnerwachse, Fußbodenbeizen und Kerzen her. Als er erkannte, dass sein Fachwissen auch seinem Hobby zugutekommen könnte, begann er, Holzskier mit Paraffinen und anderen Wachsen zu bearbeiten. So erfand er das erste Skiwachs »Holmenkol«.

Einen Reigentanz in »Schwellform«, bei dem die Tänzerinnen und Tänzer durch Händefassen eine immer längere Kette bilden und sich unter der Führung des Vortänzers singend um den Tanzplatz bewegen, nennt man »Schwabentanz«.

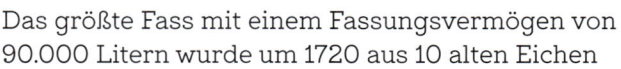

Jetzt gibt's Zonder! Gottlob Honold entwickelte 1901 die erste Hochspannungsmagnetzündung in Robert Boschs Werkstatt in Stuttgart – die Zündkerze war geboren.

Das größte Fass mit einem Fassungsvermögen von 90.000 Litern wurde um 1720 aus 10 alten Eichen gefertigt. Es befindet sich im Residenzschloss Ludwigsburg – im Fasskeller unter dem Spielpavillon. Der Zapfhahn ist so konstruiert, dass ganz nach Wunsch Rot- oder Weißwein gezapft werden kann.

Mit dem Inhalt eines Bleistiftes kann man eine Linie von 58 Kilometern Länge ziehen. Das entspricht in etwa der Distanz von Reutlingen nach Ulm.

40.320 Teile. Anfang September 2017 wurde im Schwörsaal in Ravensburg das weltgrößte im Handel erhältliche Puzzle zusammengesetzt.

Du Lauch! Lauchheim hat in seinem Wappen zwei gekreuzte Lauchstängel. Lauche kommt von lache bzw. loche und bedeutet Grenzmarke – wahrscheinlich bezieht sich der Ortsname also auf die schwäbisch-fränkische Grenze. Oder es entstammt dem althochdeutschen Loh und ist verwandt mit dem lateinischen lucus – was Hain bzw. Gehölz bedeutet.

Der Streckenverlauf der 1850 Meter langen Motocross-Naturrennstrecke »Am Sontberger Weg« bei Gerstetten kreuzt viermal eine Landstraße.

Der Modellbahnzubehör-Hersteller Faller bietet ein Bausatz-Modell von Schloss Lichtenstein im Maßstab 1:87 an.

Reichskanzler Otto Fürst von Bismarck ist seit 1895 Ehrenbürger von Günzburg.

Die Korntaler Indieband Rikas hat mit ihrem Sommerhit »Tortellini Tuesday« innerhalb kürzester Zeit über 1.500.000 Klicks auf Spotify erreicht.

Das 1894 vom Kaiserlichen Patentamt erteilte Patent mit der Nummer 81094 erhielt der Göppinger Gottlob Krum für ein glyceringetränktes Papiertaschentuch. Erst 30 Jahre später kam die Konkurrenz mit dem ersten Rotzfähnle aus reinem Zellstoff auf den Markt. Der Name: Tempo.

Samuel Heinrich Schwabe hat die Häufigkeit auftretender Sonnenflecken berechnet. Der Zeitraum von 11 Jahren ist auch bekannt als Schwabezyklus.

Sag bloß! Der 49. Breitengrad verläuft mitten durch Großbottwar. Eine Granitplatte mit entsprechenden Infos dazu wurde 120 Meter weiter nördlich davon aufgestellt – an dieser Stelle lautet die exakte Gradangabe 48,9988927° N.

Der 49. Breitengrad ist aber kein Breitengrad wie jeder andere – denn er markiert auch die vom 11. amerikanischen Präsidenten James Knox Polk 1846 festgelegte schnurgerade und sehr markante Grenze zwischen den Vereinigten Staaten von Amerika und Kanada. Es ist die längste Grenze zwischen zwei Staaten weltweit.

Die in Ulm geborene Schauspielerin und Sängerin Hildegard Knef hatte noch die beiden Vornamen Frieda Albertine. Zwischen 1948 und 1968 nannte sie sich außerhalb Deutschlands Hildegarde Neff.

Der Stuttgarter Schwabtunnel war 1896 bei seiner Eröffnung mit 10,50 Meter der breiteste Tunnel Europas und der weltweit erste, durch welchen jemals ein Automobil gefahren ist.

Hirschlanden leitet sich nicht von Hirsch ab – sondern von Hirse, die in diesem Gebiet angebaut wurde. Es ist der älteste bekannte Ort überhaupt, dessen Name auf »-landen« endet.

Die Skulptur am Porscheplatz in Zuffenhausen besteht aus drei weißen Stelen, die an ihren Spitzen in 24 Metern Höhe je einen Porsche 911 tragen: ein F-Modell Baujahr 1970, ein G-Modell von 1981 sowie die 2015 vorgestellte Generation.

Not bad! Die Schwäbische Bäderstraße verbindet (auf 180 Kilometern) neun Heilbäder und Kurorte miteinander: Überlingen, Bad Saulgau, Bad Buchau, Bad Schussenried, Aulendorf, Bad Waldsee, Bad Wurzach, Bad Grönenbach und Bad Wörishofen.

So ein Quaak! Die Donaldisten der schwäbischen Landeshauptstadt nennen sich Stuttgarter Tafelrunde Umtriebiger Turnusgemäß Tagender Großspuriger Anhänger Radikaler Traditioneller Entenhausener Rituale.

Gemäß »Wasch- und Reinigungsmittelgesetz« ist das Wasser der Gemeinde Eberhardzell dem Härtebereich hart zuzuordnen, der den Bereich von mehr als 2,5 mmol/l abdeckt.

1930 ließ sich Kißlegg von der Archivdirektion Stuttgart ein eigenes Wappen fertigen. Die Beschreibung lautet wie folgt: »... ein aufgerichteter, feuerspeiender, im silbernen Feld schwarzer, im grünen Feld silberner Panther«. Jetzt hen se dr Salaad!
Panther haben auch hinten vier Krallen, keine buschige Schwanzspitze, keine Nackenhaare und auch keine Hörner. Hot dees no koiner gmerkt?

Deutscher Rekord! In Schwaben scheint jedes Jahr 1.514 Stunden lang die Sonne.

Auf der Alb hat im Januar 2018 eine 35-jährige Mutter über Facebook eine »Urlaubsvertretung« für ihre beiden kleinen Kinder gesucht. Sie wollte sich eine 14-tägige Pause gönnen. Die

Polizei belehrte sie eines Besseren. Kender, Kender!

Mit rund 99 Prozent ist der Anteil männlicher Kunden bei Märklin deutlich höher als beim Playboy.

Es läuft! In Kirchheim unter Teck gibt es kleine, mit blauem Sand gefüllte Park-Sanduhren mit Saugnapf, die exakt 8 Minuten rieseln – so lange darf im Stadtgebiet gebührenfrei geparkt werden.

Schwabenkinder nannte man arme Bergbauernkinder aus der Schweiz, Vorarlberg und Tirol, die über die Alpen nach Oberschwaben zogen. Auf Kindermärkten wurden jährlich bis zu 6.000 Mägde, Knechte und Hütekinder auf schwäbische Höfe verteilt. Das »Schwabengehen« begann bereits im 16. Jahrhundert und wurde 1915 abgeschafft.

Der hebt! Der Cannstatter Sigmund Lindauer ließ sich 1912 einen Brusthalter patentieren, der »ohne Versteifung auf der Haut zu tragen« war – und produzierte als erster weltweit den BH in Serie. Einer seiner Werbesprüche war: »Bergauf, bergab, durch Wald und Feld, Hautana straff den Körper hält«

Schulstraße

Dabb ond mach en Schnapp! Eine Seitenstraße der Stuttgarter Königstraße, die 1953 eröffnete Schulstraße, die direkt zum Marktplatz führt, war Deutschlands erste Fußgängerzone.

200 Kilometer. Von Südwesten nach Nordosten. Vorbei an Burgen, Höhlen und tollen Landschaften. Die schwäbische Albstraße führt von Tuttlingen bis Nördlingen durch 25 Städte und ist mit einer weißen Distel auf blauem Hintergrund gekennzeichnet.

Im Schwäbischen wird mit »Scherben« umgangssprachlich ein Topf oder ein Nachttopf bezeichnet. Oder auch ein Blumentopf aus Terrakotta. Das Wappen der Stadt Dinkelscherben zeigt drei goldene Dinkelhalme in einem grünen Scherben.

Verdrebbl di net!
268 Kilometer und
225.000 Aktive
pro Jahr: Der Boden-
see-Radweg ist der
beliebteste Radweg
Europas.

**Bälle satt! Nein, der SV Poppen-
weiler ist kein SwingerVerein – sondern
ein ganz normaler Sportverein mit verschiedenen
Abteilungen.**

Füssen liegt an der Via Claudia Augusta, eine der wichtigsten Römerstraßen über die Alpen, die den schwäbischen Raum mit Norditalien verband.

Auf dem 1944 entstandenen Deckenfresko in der Pfarrkirche St. Jakobus Maior von Rötenbach (Gemeinde Wolfegg) soll als Feind des Kreuzes Adolf Hitler mit Nickelbrille und Zweifingerbart zu sehen sein. Der Wangener Kirchenmaler August Braun wollte dies nie offen bestätigen.

Die Autobahnraststätte Illertal Ost ist Deutschlands einzige Kunst-Raststätte – ein farbenfroher, kunstvoll gestalteter Fantasiebau mit unterschiedlichsten Stilelementen und Platz für 212 Personen auf drei Etagen.

Määäh! Der Sensenverein Deutschland e. V. in Wangen im Allgäu proklamiert wieder echte Handarbeit. Die Mitgliedschaft erlischt durch Austritt, Ausschluss oder Tod – also wenn der Sensenmann kommt.

Im Volksmund heißt es das »Schwäbische Taj Mahal«. König Wilhelm I. ließ für seine 1819 jung verstorbene Ehefrau Katharina die Grabkapelle auf dem Württemberg errichten – mit Kuppel, Portikus und Giebeldach erinnert sie auch an das Pantheon in Rom. Töne haben in der Gruft ein siebenfaches Echo. Über dem Eingang prangt der Satz »Die Liebe höret nimmer auf«.

Die kleinste Kaffeepad-Maschine der Welt kommt aus Geislingen: die WMF 1.

Die Peitsche war der Zündschlüssel von einst. In Killer befindet sich Deutschlands einziges Peitschenmuseum. Auf der Internetseite steht: Home-Peitsch!

Zwoi en oim! Die Eberhard Karls Universität Tübingen wurde 1477 durch Graf Eberhard im Bart gegründet und trägt zudem den ersten Namen des württembergischen Herzogs Karl Eugen.

Im 18. Jahrhundert existierte in Schwaben eine Spatzensteuer. Die Vögel galten als Schädlinge und jeder Bürger musste pro Jahr mindestens 12 lebende Spatzen abgeben – oder 12 Kreuzer bezahlen. Für jedes Tier bekam man einen halben Kreuzer »Abwrackprämie«.

Der Berliner Kita-Betreiber Klax ist markenrechtlich gegen das 620 Kilometer entfernte Kinderhaus Klex aus Kirchheim an der Teck vorgegangen – wegen Verwechslungsgefahr. Klex heißt jetzt Klecks. Alles nur ein Klacks.

Beim SV Tussenhausen gibt es keine Frauenmannschaft – nur Männer spielen Fußball. Die Tussen!

Pfondskerle! Der schwerste Kürbis der Welt stand 2016 in Ludwigsburg. Das orange(ne) Fruchtgemüse wog sage und schreibe 1.190,49 Kilogramm! Wer den Rekord knackt, erhält 10.000 Euro.

Die Entfernung von Balingen zum Äquator beträgt 5.425 Kilometer.

Dees isch fähr! Als im September 2017 ein Spieler des FSV 08 Bissingen den Fußball im Strafraum während des Spiels in die Hand nahm, weil dieser keine Luft mehr hatte, pfiff der Schiri Elfmeter. Der Stürmer Steffen Wohlfarth vom SV Ravensburg trat an – und verschoss absichtlich. Großer Sport!

Oh verregge! Trigema-Textilfabrikant Wolfgang Grupp hat sich in Burladingen in Sichtweite der katholischen Kirche ein Familiengrab bauen lassen: 45 Meter lang und 15 Meter breit, insgesamt 675 Quadratmeter.

Die als Sisi bekannte Kaiserin von Österreich und Königin von Ungarn verbrachte in den Sommermonaten ihrer frühen Kindheit

etliche Zeit im Aichacher Stadtteil Unterwittelsbach, im Wasserschloss ihrer Familie. In der Dorfwirtschaft spielte Herzog Max die Zither und seine Tochter Sisi tanzte dazu.

Der Wackelwald liegt in unmittelbarer Nähe des Kurparks von Bad Buchau. Ein 600 Meter langer Pfad lässt bei jedem Schritt den darunter befindlichen Moorboden spürbar federn – und die Bäume ringsum bewegen sich leicht wippend mit.

So en Feger! Der größte Straßenbesen der Welt mit 11,68 m Länge und 6,04 m Breite wurde 2007 von der Bad Schussenrieder Bürstenmacherei Scharnefski-Karle gefertigt.

Wenn man von Stuttgart aus ein Loch durch die Erde graben würde, käme man auf der anderen Seite mitten im Südpazifik, ungefähr 1.000 Kilometer südwestlich von den zu Neuseeland gehörenden Chatham-Inseln wieder heraus.

§ Schwabenrecht: 1552 wurde das Schwäbische Landrecht niedergeschrieben. Es hat 411 Kapitel mit gesetzlichen Vorschriften – u. a. »wie die Frau zu straffen, die sich zu ihrem Knechte hält«, »daß wer fremden Acker wissentlich erndtet«, »wie eine Witwe mit den Kindern theile«, »daß Tauben und Pfauen, wenn sie 4 Tage nicht wieder kommen, nicht mehr des vorigen Herrn seyn.«

Augsburg hat dank des alljährlichen Friedensfestes am 8. August die meisten gesetzlichen Feiertage in Deutschland.

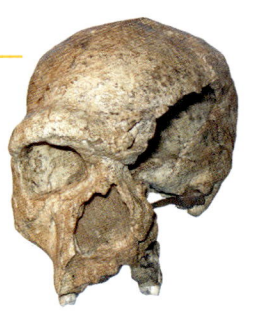

1933 wurde in einer Kiesgrube im Murrtal der 300.000 Jahre alte Schädel des »Homo Steinheimensis« in der Mitte einer 15 Meter hohen Kieswand entdeckt. Der »Urmensch von Steinheim« war eine 25-jährige Frau.

Enzklösterle im Kreis Calw besteht aus den Gemeinden Gompelscheuer, Poppeltal und Nonnenmiß.

Über die österreichische Partnerstadt Zwettl bekam Plochingen Kontakt zum Künstler Friedensreich Hundertwasser und konnte ihn für ein Projekt in der Neckarstadt gewinnen. Seit 1994 ist das Hundertwasserhaus »Wohnen unterm Regenturm« fertig – bunt, verspielt, mit vielen Rundungen und Kugeln aus 24 Karat Blattgold. Und es hat den einzigen vom Wiener Künstler jemals gestalteten Innenhof.

38,4 Jahre: Die jüngste Bevölkerung Schwabens lebt in Bubsheim im Landkreis Tuttlingen.

Ha so a Gschleng! Die Heizungsrohre unter dem Fußballrasen der Mercedes-Benz Arena in Cannstatt haben eine Gesamtlänge von 27 Kilometer. Damit die Gegner des VfB keine kalten Füße bekommen.

Möbelfabrikant Karl Mayer aus Stuttgart meldete 1921 ein Fußballbrettspiel zum Patent an. Der Name: Tipp-Kick. Drei Jahre später erwarb der Kaufmann Erwin Mieg die Rechte, produzierte statt Blechfiguren Figuren aus Blei – und schaffte damit einen beispiellosen Siegeszug. Einen Spieler mit beweglichem Links-fuß gibt es jedoch bis heute nicht.

Rapunzel, lass dein Haar herunter! Im Ludwigsburger Märchengarten im Blühenden Barock lässt sie ihren Zopf vom Turm der Emichsburg 6,40 Meter weit herunter. Im Märchen waren es genau 20 Ellen – also ungefähr das Doppelte: 12,80 Meter.

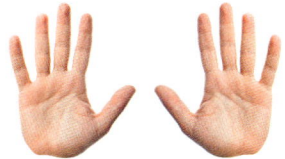

Mach koin so Wend! Staubsaugerfabrikant Robert Schöttle aus Rei-chenbach an der Fils ent-wickelte 1925 den ersten elektrischen Warmlufthändetrockner der Welt und nannte ihn »Electrostar«.

In Aulendorf gibt es einen Marinechor.

Der Schwabenpark bei Kaisersbach wurde 1972 unter der Bezeichnung Safari Park als Tierpark gegründet. Nicht genehmigt wurde seiner-zeit die Idee, Besucher mit einer kleinen Parkeisen-bahn mitten durch die Gehege der Tiger und Löwen fahren zu lassen.

Zu Dinkel sagte man früher auch Schwabenkorn, Schwabengras oder Schwabenweizen.

In Schweden feiert man jedes Jahr zur Sommersonnenwende Midsommar, das Mittsommerfest. In Abtsgmünd wird MitSommer gefeiert – ein Stadtfest für MitBürger, MitMacher und MitEsser.

Bruschd raus! Der Stuttgarter Gurt ist ein Band, das nach einer Brustvergrößerung das Hochrutschen der Implantate durch Kompression verhindert, bis diese nach ca. 14 Tagen fest eingewachsen sind. Die Chirurgin Dr. med. Gabriele Frickert aus Nürtingen hat diese Fixierungshilfe bereits 1985 entwickelt.

In Aalen befindet sich das größte römische Reiterkastell nördlich der Alpen. Die nahen Limes-Thermen werden mit 34 bis 36 Grad Celsius warmem Wasser aus 650 Metern Tiefe versorgt.

Ewich jong? Vo wäga! Der Schwabe Justus Kerner erkannte Anfang des 19. Jahrhunderts den Zusammenhang zwischen Fällen schwerer Nervenlähmung und verdorbener Wurst – und entdeckte Botulinumtoxin, eines der stärksten Gifte. Er schlug das Fettgift Botox in extrem niedrigen Dosen als Arznei gegen Nervenleiden vor. Heute werden damit so einige seltsame Stellen zurechtgespritzt ...

Ein Schotte hat das Kopieren erfunden – und ein Schwabe d' Maschee: den Blitzkopierer. Der erste Trockenkopierer der Welt mit der Bezeichnung »Develop D10« von Walter Eisbein ermöglichte es erstmals bei Tageslicht und ohne Fixierprozess zu arbeiten.

Spätzle im Weltall! Anfang Juni 2018 war Alexander Gerst erster deutscher Kommandant der Internationalen Raumstation ISS, die in einem halben Jahr 2.566 mal die Erde umrundete. »Astro-Alex« hatte auch einige seiner schwäbischen Lieblingsgerichte in Konservendosen mit an Bord: Käsespätzle, Maultaschen sowie Linsen mit Spätzle und Saitenwürstchen.

»Die weltweite Nachfrage nach Kraftfahrzeugen wird eine Million nicht überschreiten – allein schon aus Mangel an verfügbaren Chauffeuren.« Originalzitat von Gottlieb Daimler.

I hätt ao no oin! Beim »Alb-Bähnle«, der Schmalspurbahn von Amstetten nach Oppingen, gibt es hin und wieder einen Teddybärtag – jedes Kind bis 14 Jahre mit Teddybär fährt kostenlos.

Rekordverdächtig! Amtzell in Oberschwaben ist eine Gemeinde mit 124 Einzelgehöften und Weilern.

 Bad Liebenzell hat das einzige Wappen, auf dem in einem silbernen Zelt ein nackter Mann in einer gelben Badewanne sitzt.

Isch doch klar! 1880 entwickelte der Schwabe Johannes Langheck die erste durchsichtige Folie der Welt – aus Gelatine. Später wurde aus Zellglas die Klarsichtfolie und der Markenname Cellophan.

Tübingen heißt auf Italienisch Tubinga, auf Französisch Tubingue, auf Tschechisch Tubinky und auf Polnisch Tybinga.

Der Ulmer Unternehmer Conrad Dietrich Magirus gilt u. a. als Erfinder der fahrbaren Feuerleiter. Die erste 1892 von Pferden gezogene Drehleiter hatte ausgezogen eine Höhe von 25 Metern.

Von Ehingen an der Donau nach Shanghai, China, sind es genau 8.888 Kilometer.

Nach jahrzehntelangen Spannungen wegen Steuer-, Fron- und Jagdfragen einigten sich 1798 alle umliegenden Dörfer auf einen Vergleich mit den Herren von Hohenzollern und huldigten diesen – bis auf Bisingen. Seitdem tragen sie den Spitznamen »Nichthuldiger«.

In Bitz gibt es 265 Berufs-
einpendler und 1.148 Berufs-
auspendler.

*Wasser marsch! Der Aachtopf ist die wasserreichste
Karstquelle Deutschlands – mit einer Schüttung von bis
zu 24.000 Litern pro Sekunde.*

Die Straßenbahnlinie U15 zwischen Olgaeck und
Eugensplatz in Stuttgart ist mit 8,5 Prozent Steigung
die steilste Normalspur-Bahnstrecke Europas.

**I han's doch glei gwisst! Die Wiege der Kunst liegt
auf der Schwäbischen Alb. Entdeckt wurden hier die
ältesten Kunstwerke von Menschenhand: Höhlen-
zeichnungen, Figuren aus Mammut-Elfenbein und
Musikinstrumente – u. a. zwei 40.000 Jahre alte
Flöten aus Vogelknochen und eine 19 cm lange aus
Mammutelfenbein.**

Eine kleine Dru-
ckerei in Stutt-
gart-Wangen mel-
dete am 5. März
1930 ein für Foto-
liebhaber ideales
Patent unter dem
Namen Transpa-
rol an: Heinrich

Herrmann hatte die »Fotoecke« erfunden.

*Gschwendeter bedeutet »durch Brand gerodeter Wald«.
Das Wappen von Gschwend zeigt deshalb eine rote
Flamme mit drei Zungen zwischen zwei grünen Tannen.*

Die 1208 im Kloster Lorch begra-
und verehrte Irene von Byzanz
(Gemahlin des Stauferkönigs
Philipp von Schwaben und Toch-
ter des byzantinischen Kaisers
Isaak II Angelos) wurde von
Walther von der Vogelweide als
»Rose ohne Dorn« beschrieben.
Und als »Taube ohne Galle«.
Soll wohl a Kompliment sai ...

Marbach am Neckar ist u. a. wegen dem Geburtshaus
von Friedrich Schiller einer der ältesten Touristenor-
te Deutschlands. Im Erdgeschoss des Handwerker-
hauses in der Niklastorstraße erblickte der große
deutsche Dichter 1759 das Licht der Welt.

Häberle: »Mir hen ons scho lang
nemme gsäha.« Pfleiderer: »Dees
beruht auf Gegaseitigkeit!«

**Manche Felsen ragen bis zu
200 Meter gen Himmel – es ist
eine der schönsten Flusslandschaften
Europas: Den Donaudurchbruch zwischen
Tuttlingen und Sigmaringen nennt man auch
»Schwäbischer Grand Canyon«.**

*Der Markgröninger Schäferlauf findet jährlich um den
Bartholomäustag (24. August) statt – der Schutzpatron
der Schafhirten. Gerannt werden muss barfuß über
ein 300 Schritt langes gemähtes Stoppelfeld –
der Sieger erhält eine Krone, ein Lamm
und viel Ehr. Was willsch määäääähr?*

Städtenamen auf Schwäbisch: Diibenga, Fraidaschdadt, Gmend, Memmenga, Nerdlenga, Niirdenga, Ôhla, Pforza, Reitlenga, Schduergert, Semmaringa, Tuddlenga.

In der Neresheimer Abteikirche befindet sich das mit 714 m² größte Fresko der Welt – erschaffen vom Tiroler Kirchenmaler Martin Knoller.

»En Schwôb wird erscht mit 40 gscheit, die andre net en Ewigkeit!«. Mit dem vierzigsten Geburtstag beginnt bekanntlicherweise das Schwabenalter. Einer der ersten deutschen Volkskundler, Johannes Böhm, schrieb 1521 über die Schwaben: »Sie kapieren spät« – und begründete damit dieses knitze Vorurteil.

Normalerweise weist die Apsis (Nische mit eigenem Gewölbe) einer Kirche nach Osten. Eine Ausnahme stellt die Basilika Birnau dar, dort zeigt die Apsis nach Norden – denn die Kirche sollte bei der Sicht vom Bodensee aus mit ihrer Höhe den Himmel berühren.

Die Nebelhöhle bei Sonnenbühl ist auf 450 Metern begehbar und hat eine Temperatur von 8 bis 10 Grad. In der Karls- und Bärenhöhle wachsen die Tropfsteine rund einen Kubikzentimeter in 60 bis 80 Jahren.

Gundremmingen hat ein Wappen, auf dem eine römische Stadtmauer mit Turm und darüber ein Atomsymbol abgebildet sind. Weltweit gibt es insgesamt 14 Städte mit Elektronen, Ellipsen und Atomkern im Stadtwappen.

Der Wasserpegel im Bodensee schwankt zwischen Sommer und Winter um bis zu 150 Zentimeter.

Im Lied »Auf dr schwäbsche Eisabahne« gibt es einen Fehler. Die Station Durlesbach kommt eigentlich vor Meckenbeuren – aber in dieser Reihenfolge würde es sich nicht reimen.

Einen Bock hat er sich kaufet und dass der ihm net verlaufet, bendet ihn der guate Ma an dr hendre Waga na! In Durlesbach steht ein bronzenes Denkmal, welches die zentrale Szene aus dem Lied »Auf dr schwäb'sche Eisebahne« in Originalgröße darstellt – mit Bäuerle, Bauersfrau, Geißbock, Konduktör und Eisenbahnwagon.

Ein Autor schrieb 1855 über den Bahnhof Durlesbach: » ... und die Station Turlesbach, letztere berühmt, weil hier außer den Conducteuren noch nie eine menschliche Seele aus- oder eingestiegen sein soll, so sagt nämlich die Tradition. ›Turlesbach‹ ruft der Zugführer und setzt gleich darauf hinzu ›fertig‹, worauf es ohne anzuhalten weiter geht«.

Die am weitesten gereisten Sportgeräte der Benz Turn-gerätefabrik aus Winnenden befinden sich in einer Turnhalle in Wellington, Neuseeland.

Blubb. Mit dem ersten Aquarien-Saugfilter weltweit verhalf in den 1960er-Jahren die Firma Eheim dem Zierfisch-Aquarium zum internationalen Durchbruch.

Die Gemeinde Elchingen führt kein Wappen.

In Illmensee gibt es einen »Hydranten-Wanderweg«.

Das südlichste Gebäude Deutschlands liegt in den Allgäuer Alpen – es ist die Mindelheimer Hütte auf 2058 Metern. Und der Badesee nördlich von Mindelheim heißt: Nordsee.

Stuttgart hat zwei Universitäten, 14 Hochschulen und 9 Forschungsinstitute.

Jessesmariaondjosef! Mit 4 Millionen Besuchern gehört der Stuttgarter Weihnachtsmarkt zu den größten und ältesten Weihnachtsmärkten in Europa – er wird erstmals im Jahr 1692 urkundlich erwähnt. Knapp 300 Betriebe bieten auf 1,6 Kilometern Frontfläche alles, was das Weihnachtsherz begehrt.

In Stuttgart gibt es die größte deutsche Prägeanstalt – hier werden bis zu 2 Millionen Münzen pro Tag produziert.

Mitten im badischen Freiburg gibt es das Schwabentor, die Schwabentorbrücke, die Schwabentorgarage sowie den Schwabentorring. Und einen einzigen »Schwabe« im Telefonbuch.

Rund ein Drittel der Einwohner von Tübingen sind Studenten. Aus der Universität entstammen elf Nobelpreisträger in Medizin, Chemie und Physik.

Der Schwäbische Gruß »Leck mich am/im Arsch« stammt vom berühmten fränkischen Reichsritter mit der eisernen Hand: Götz von Berlichingen. Er wurde durch  **sein rebellisches Auftreten im schwäbischen Bauernkrieg und als gleichnamige Hauptfigur in Goethes Schauspiel bekannt.**

Der Mercedes-Stern auf dem Stuttgarter Bahnhofsturm hat einen Durchmesser von 4,2 Metern und dreht sich seit 1952 nonstop pro Minute zweimal um die eigene Achse.

Backnang leitet sich wahrscheinlich von einem Flurnamen ab: aus den Namensteilen »backo = Hügel, Erhöhung« sowie »wang = Feld, Wiese, Weide« – was mit »Hügelwiese« übersetzt werden kann.

Schwäbinnen tragen keinen Tanga, weil sie ihn später nicht als Putzlappen verwenden können.

219 × 216 Meter – also fascht quadratisch: Freudenstadt hat mit ca. 4,5 Hektar den größten bebauten Marktplatz Deutschlands.

Donauschwaben: Ende des 17. Jahrhunderts wurden nach den Türkenkriegen und der Vertreibung der Osmanen im Westen Rumäniens die Banater Schwaben und im Nordwesten die Sathmarer Schwaben von der österreichischen Hofkammer angesiedelt. Es waren die sogenannten Schwabenzüge.

Erdgeschichtliche Besonderheit: Der Böttinger Marmor ist ein 14 Millionen Jahre alter Thermalsinterkalkstein – und sieht aus wie Bauchspeck. Seine Farben wechseln rindenartig von weiß bis gelblich, von leicht rötlich bis dunkelrot und dunkelbraun.

Genderkingen hat die Vorwahl 09090.

Die Karriere des international bekannten Graffitikünstlers Loomit begann 1983 in Buchloe, wo er den Wasserturm bemalte.

63

Not bad! Der älteste Kneipp-Kurort in Deutschland ist Bad Wörishofen – hier entwickelte Pfarrer Sebastian Kneipp sein ganzheitliches Naturheilverfahren.

In Allmendingen gibt es einen Nisthilfenlehrpfad.

Der schwäbische Döner: Rostbraten mit Senf und Kraut im Laugenbrötle.

Beim Küfer wird ein Stück Reif, welches bei einem Fass zwischen einen allzu lockeren Reifen geschlagen wird, ein Schwabe genannt. In Schwaben selbst sagt man Philister dazu.

Die Staufer nannten sich stolz »Herzöge von Schwaben« – ihr Gebiet reichte von Bern im Süden bis Ellwangen im Norden, von Breisach im Westen bis Augsburg im Osten.

Schwäbischer Gang nennt man im Bergbau Gänge, die flach (unter 15 Grad) ins Hangende fallen.

Lindau gehört zum bayerischen Regierungsbezirk Schwaben – hier treffen sich alle zwei Jahre im Juni die Nobelpreisträger in Chemie, Medizin, Physik und den Wirtschaftswissenschaften. Jährlich im April finden die Lindauer Therapiewochen statt. Ob auch hier Nobelpreisträger anwesend sind, ist nicht bekannt.

Ben ao fascht na'gfloga! 21,5 Prozent aller Passagiere vom

Stuttgarter Flughafen steuerten 2018 eine Stadt in Deutschland an, 68 Prozent flogen zu einem europäischen Ziel und 10,5 Prozent düsten auf einen anderen Kontinent.

Anfang der 1930er-Jahre konstruierte Arist Dethleffs im Allgäu das erste »Wohnauto« Deutschlands für sich und seine Frau Fridel. Im Boden war eine Wanne eingelassen, in der schmutzige Wäsche eingeweicht und beim Fahren wie in einer Waschmaschine durcheinandergewirbelt wurde.

In der Verfilmung von Günter Grass' Weltroman »Die Blechtrommel« leckte der kleine Oskar Matzerath aus dem Bauchnabel seines Kindermädchens Ahoi-Himbeerbrause des Stuttgarter Unternehmens Frigeo. 1925 begannen Theodor Beltle und Robert Friedel mit Herstellung und Verkauf des prickelnden Pulvers in Tüten.

Ulm hat die älteste Verfassung einer deutschen Stadt.

Legger, legger, legger! Die nervige, angeblich schwäbische Radiowerbung von »Saaaaitenbacher« kommt aus Buchen – also von einem badischen Gelbfüßler! Glück ghet!

Perfekter Lebensraum: Neben Enzian, Silberdisteln und Orchideen gibt es rund um Mehrstetten im Schanden- und Böttental auf den Felssteppenheiden über 260 Pflanzenarten.

Mit rund 15.000 Kartenspielen hat das Deutsche Spielkartenmuseum in Leinfelden-Echterdingen eine der größten Spielkarten-Sammlungen Europas. Herz isch Drombf!

Im 19. Jahrhundert erfreuten sich Soldaten in Gaisburg an einem kräftigen Eintopf aus Ochsenfleisch, Kartoffeln, Spätzle, goldbraun gebratenen Zwiebeln und Suppengrün – alles in einem Teller heißer Brühe. Weil man dafür auch lange Wegstrecken in Kauf nahm, wurde das Gericht bekannt als Gaisburger Marsch.

D' Liab vrgoht, aber Sach bleibt Sach!

Ein Boss-Anzug besteht aus über 700 Metern Garn.

In Schwaben gibt es etliche Besenkapellen. Im 14. Jahrhundert, in Zeiten der Pest, umrundete man diese betend und opferte einen Reisigbesen als Symbol der Reinigung. Meist sind die Kapellen dem heiligen Rochus geweiht, zuständig für Seuchen und Hautkrankheiten. Er wird noch heute bei Furunkeln (schwäb. »Oißa«) angerufen. Deshalb sieht man oft auch neuzeitlichere Besen in den Kapellen stehen.

Seggl gilt als das meistgebrauchte schwäbische Schimpfwort überhaupt. Es gibt unzählige Varianten, vom rabiaten Schoofseggl über den derben Granadaseggl bis hin zum gutmütigen Seggelesbeck.

900 Meter lang. 90 Stationen. Über 100 biblische Pflanzen. In Waldachtal-Tumlingen gibt es einen biblischen Rundwanderweg.

In der Nähe von Meßkirch gibt es den Campus Galli – dort erbauen 25 festangestellte Handwerker mit zeitgenössischen Arbeitstechniken und Materialien ein frühmittelalterliches Kloster auf Grundlage des St. Galler Klosterplans aus dem 9. Jahrhundert. Voraussichtliche Gesamtbauzeit: 40 Jahre. Machet nôre!

Wixer! Im Museum der Alltagskultur in Waldenbuch steht eine schwarz-weiß-rote Blechdose mit Schuhcreme von 1914 und der Aufschrift »Deutsche Helden-Creme«.

Kurort mit Champagnerluft: Schon der schwäbische Dichter und Arzt Justinus Kerner schwärmte 1812 von der würzigen Welzheimer Luft mit besonderer Erholungsqualität.

Wahnsinnskerle! Mit einer Spitzengeschwindigkeit von 100 Stundenkilometern ist ein Skateboarder im August 2007 auf der A8 den steilen »Drackensteiner Hang« heruntergebrettert. Da Rollbrettlesfahrer rechtlich als Fußgänger gelten und man den Skater erst Monate später ausfindig machen konnte – war die Straftat bereits verjährt.

Schwaben und Alemannen sind eigentlich zwei Begriffe für ein und denselben Volksstamm. Suevi nannten uns die germanischen und Alemanni die lateinischen Nachbarn.

Stolz wie Oskar: Die Filmakademie Baden-Württemberg im schwäbischen Ludwigsburg wurde unter die besten 15 Filmschulen der Welt gewählt.

Schdoi uff Schdoi: Die Stuttgarter Weissenhofsied- **Le Corbusier**

lung entstand 1927. Unter der künstlerischen Leitung von Ludwig Mies van der Rohe schufen 17 internatio-nale Architekten 21 außergewöhnliche Häuser im Bau-hausstil. Le Corbusier baute zwei sogenannte »Wohn-maschinen« – sie gehören zum UNESCO-Weltkulturerbe.

In Bissingen an der Teck gibt es viele Streuobstwiesen – und einen Altsorten-Muttergarten, in dem alte Baumbestände ge-pflegt und für künftige Genera-tionen erhalten werden.

Am Arsch vorbei! In Ludwigs-burg gründete Hans Klenk 1928 ein Werk, in dem die ersten Klopapierrollen in Deutschland industriell hergestellt wurden – mit je-weils 1.000 Blatt noch recht rauem Krepppapier. Der Slogan hieß: »Verlangen Sie eine Rolle Hakle, dann brauchen Sie nicht Toilettenpapier zu sagen!«

Der Schwäbische Vulkan – so nennt man ein großes Gebiet auf der Schwäbischen Alb mit über 350 Vulkan-schloten auf einer Gesamtfläche von 1.800 km². Sie waren vor ca. 16 Millionen Jahren aktiv.

Über Weingarten auf dem Martinsberg thront seit 1724 die größte Barock-kirche nördlich der Alpen – die Basilika St. Martin.

Der 1877 in Calw geborene Hermann Hesse gehört zu den weltweit meistgelesenen deutschen Schriftstellern.

Gelb. Blau. Rot. Grün. In Taisersdorf gibt es eine Haltestelle mit vier farbigen Einzelsitzen. Wegen fehlendem öffentlichen Nahverkehr wurden diese Mitfahrbänkle installiert. Jede Farbe steht für ein anderes gewünschtes Ziel – so kann man bequem und gut sichtbar vorbeikommenden Autofahrern seinen Mitfahrwunsch signalisieren. Also: Oifach nâhogga ond hoffa, dass ao ebber reachds âhält!

Das Zisterzienserkloster Bebenhausen bei Tübingen ist eine der schönsten und besterhaltenen mittelalterlichen Klosteranlagen Deutschlands. Der letzte König von Württemberg, Wilhelm II., starb (ebenda) nebenan im Jagdschloss.

Die durch Biberach fließende Riß hat zwei Quellbäche, die sich noch vor der Stadt vereinen – die kalte Riß und die warme Riß.

In Schorndorf gibt es arabisch beschriftete Gullydeckel.

70

Da hogg na! Als sich Bundesligatrainer Friedel Rausch 1995 über unbequeme Bänke beschwerte, bekam er von Recaro als Gag einen weichen Autositz geliefert. Mittlerweile wurden weltweit über 55 Stadien mit kompletten Auswechselbankreihen aus Autositzen bestückt – inklusive Sitzheizung.

Schwäbische Spezialitäten haben kuriose Namen: Ofenschlupfer, Kirschenplotzer, Seelen, Briegel, Pfitzauf, Kratzete, Saure Kutteln, Gaisburger Marsch, Knöpfle, Nonnenfürzle, Bubenspitzle.

En reachdr Schwôb môg ao no: Ochsenschwanzssuppe, Ochsenmaulsalat, Kalbsbries, Saure Nierla, Hirnsuppe, Metzelsuppe, Leberwurst, Blutwurst, Spätzle, – ond nadierlich Maultascha!

Schwabenkraut: Der Überlieferung nach soll das berühmte Filderkraut eine Züchtung der Mönche des Klosters Denkendorf gewesen sein. Die Kohlart mit ihrer zum Himmel strebenden Form wurde erstmals 1772 unter dem Namen Spitzkraut erwähnt.

Vereinspaziert! Der Schwäbische Albverein ist mit rund 100.000 Mitgliedern der größte Wanderverein Europas.

Dees isch dr Renner! Über 10.000 Facebook-
Fans: Das englische Vollblut »Silvery Moon«
galt als der schnellste Schecke der Welt.
Und genießt jetzt seine zweite Karriere –
als Deckhengst auf dem weltberühmten
Haupt- und Landgestüt Marbach.

Ens Rehrle blôsa: Alfons Neumann aus dem
schwäbischen Eberhardzell-Ritzenweiler baut rund
100 Alphörner aus Bergfichte pro Jahr. Das Alphorn
zählt kurioserweise zu den Blechblasinstrumenten.
Früher diente es als Verständigungsmittel der
Hirten, wenn Gefahr für das Vieh durch Brand oder
Gewitter drohte.

*Der Flughafen Stuttgart verfügt über nur eine Start-
und Landebahn mit Nummer 07/25. Sie ist betoniert,
45 Meter breit und verläuft 3345 Meter in Ost-West-
Richtung.*

**Das größte Frühlings-
fest Europas findet jedes
Jahr in Stuttgart statt.
Der »Cannstatter Wa-
sen« im Herbst ist das
größte Schaustellerfest
Europas – und gleich
nach dem Oktoberfest
das größte Volksfest der**
**Welt: 25 Hektar groß, 330 Betriebe, 35.000 Sitz-
plätze, 4 Millionen Besucher, 5 Kilometer Vergnügen.**

Der Cannstatter Wasen diente früher als Flugplatz und
Zeppelin-Landeplatz.

Der geografische Mittelpunkt Baden-Württembergs liegt (natürlich!) im Schwäbischen – in einem kleinen Wald nördlich von Tübingen, am Ende des Käsenbachtals.

Die Wimsener Höhle ist die einzige Wasserhöhle in Deutschland, die man mit dem Boot befahren kann.

Den ersten Konfektionsmatrosenanzug für Kinder fertigte Ende des 19. Jahrhunderts die Stuttgarter Firma Bleyle – und nannte das Design »Kieler Hemd«.

Das Denkmal der Schönen Lau am Blautopf bei Blaubeuren schuf der Bildhauer Fritz von Graevenitz.

Schwäbischer Marmor. Hinter der alten Kelter auf dem Hallschlag in Stuttgart lag eine der wichtigsten Travertin-Fundstellen Europas. Bis 1980 wurde dort der sogenannte Schwäbische Marmor abgebaut. Er wurde u. a. auch für Bauten der Nationalsozialisten und im baden-württembergischen Landtagsgebäude verwendet.

Wer hot Kehrwoch? Die Stadtpfarrkirche St. Martin in Biberach zählt zu den ältesten noch bestehenden Simultankirchen Deutschlands – sie wird seit 1548 von beiden Konfessionen abwechselnd genutzt.

Nach jedem Tor des FC Augsburg wird im heimischen Fußballstadion die Melodie »Eine Insel mit zwei Bergen« als Torhymne gespielt – ein Lied von der Augsburger Puppenkiste.

Bad Ditzenbach hieß 861 noch Tizzenbach. Um 1560 wurden die dortigen Mineralquellen erstmals urkundlich erwähnt.

Dees glaubsch du mir. Die größte Bibelsammlung Deutschlands befindet sich in der Stuttgarter Landesbibliothek: 19.000 Exemplare in über 600 Sprachen.

Auf dem ursprünglichen Etikett von Hengstenberg war das Familienwappen abgebildet– mit einem schwarzen Hengst, der über einen Berg springt.

Von seinem Residenzschloss in Ludwigsburg ließ Herzog Karl Eugen 1764–68 die kerzengerade Solitudeallee als direkte Verbindungsachse zum Lustschloss Solitude errichten. Diese 13,032 Kilometer lange Straße diente 1820 als Basis der württembergischen Landvermessung.

Als Otto Baier beim Umzug seiner Firma von Stuttgart-Münster nach Asperg sah, wie mühsam es für die Handwerker war, Löcher in Betondecken zu bohren, erfand er die Schlagbohrmaschine.

Der Schwarze Veri, der schwäbische Räuberhauptmann, hieß mit bürgerlichem Namen Xaver Hohenleitner. Die Bande hielt sich in den Wäldern bei Ostrach, dem Pfrunger Ried, um Altshausen sowie im Altdorfer Forst auf.

Irndorf im Kreis Tuttlingen hieß bis 1971 Irrendorf. In Urkunden aus dem 11. bis 15. Jahrhundert ist von Urindorf die Rede.

Das Porsche-Museum in Zuffenhausen steht auf 115 Betonpfählen mit bis zu 25 Metern Länge.

Nach Konflikten mit dem Landgericht Würzburg, das die Zuständigkeit beanspruchte, erklärte 1442 der Rat der Stadt Hall, sie heiße jetzt Schwäbisch Hall und liege auf schwäbischem Erdreich.

Jochen Gabler aus Aalen hat den ersten faltbaren biologisch abbaubaren Einweglöffel mit integriertem Getränkegranulat für Tee, Kaffee und Kakao entwickelt.

Es gibt 2 Stuttgart in den USA (in Kansas und in Arkansas) sowie ein polnisches Dorf namens Stuttgardt.

Europas schönste Naturrennstrecke für Moto-Cross befindet sich in Gaildorf. Es gibt auch einen Campingplatz für Besucher – die Duschen befinden sich direkt im Fahrerlager-Gebäude.

Angeregt durch Wilhelm Hauffs Roman »Lichtenstein« wurde Schloss Lichtenstein am Albtrauf im neugotischen Stil 1840–1842 als weltweit einziges nach einer Romanvorlage erbaut. Dort befindet sich mit 193 cm das längste Champagnerglas der Welt – es hat dieselbe Größe wie der Bauherr Herzog Wilhelm. Im Treppenhaus hängt ein Gemälde mit dem berühmten »Schützen

vom Lichtenstein«. Egal wo man steht, er hat den Betrachter immer genau im Visier.

Das Wohlfahrtswerk mit Sitz in Stuttgart geht auf Königin Katharina von Württemberg zurück und betreut heute in Baden-Württemberg net nur Schwoba, sondern auch Badenser.

Das Schwabenländle hat mit zahlreichen Museen, Ausstellungen, Bühnen, Theatern, Konzertsälen und Opernhäusern die höchste Kulturdichte der Bundesrepublik.

Helfmrmoldrfoddoabbaraddrebbnuffdra! Um einmal den höchsten Kirchturm der Welt (161,53 Meter) hoch- und wieder runterzusteigen, muss man im Ulmer Münster seine Füße auf 1.536 Treppenstufen setzen.

*Däädsch du mi meega,
em Fall dass i di meega dääd?*

*Das Blauhöhlensystem bei Blaubeuren
ist mit 13,6 Kilometern die zweitlängste Höhle
Deutschlands. Es verbindet die Blautopfhöhle und
die Vetterhöhle.*

Laut dem Biberacher Bowlingbahnen-Hersteller Funk muss bei Montage und späterem Betrieb einer Bowlinghalle die relative Luftfeuchtigkeit 55 bis 65 Prozent betragen und die Raumtemperatur 18 bis 20 Grad.

Die in Weilimdorf ansässige Tierschutzorganisation Peta kürte 2018 die Veggie-freundlichsten Fußballstadien. Platz 1 ging an Schalke 04 – mit Gerichten wie Tofu-Schaschlik, Gemüseburger, gebackenem Blumenkohl und Bulgursalat. Auf den nächsten Plätzen folgten der FC St. Pauli und RasenBallsport Leipzig. Auf Platz 17 ist Hoffenheim – dort gibt es für Fans lediglich Pommes, Brezeln und ein paar Snacks.

*Kartoffeln heißen auf
Schwäbisch – je nach Region –
Grombiera, Aidepfl, Herdepfl,
Äbbiera oder Bodabira.*

Auf Schwäbisch ist ein »LKW« ein Läberkäsweggle.

In der Gegend um Langenau wurden mehrere Begräbnisplätze archäologisch untersucht – bei den Toten handelte sich um Pferde. Hier im ostalemannischen Raum waren Pferdeopfer und entsprechende Bestattungsriten besonders häufig.

Kratzete ist die schwäbische Variante zum Schmarren – etwas dickere Pfannkuchen, die in der Pfanne

in Stücke zerrissen werden. Kratzete werden nicht nur als Süßspeise gegessen, sondern gerne auch als Beilage zum Spargel.

Ravensburger Spieleland Meckenbeuren: 58 Prozent der Gäste kommen aus Deutschland, 35 Prozent aus der Schweiz und vier Prozent aus Österreich.

Vor der katholischen Pfarrkirche St. Michael in Abtsgmünd steht ein auf das Jahr 1331 datiertes Steinkreuz – das Rechbergkreuz ist das älteste in Schwaben.

Das Zwiefalter Münster »Unserer lieben Frau« besitzt ein elfstimmiges Geläut und hat einen der größten Kirchenräume Deutschlands.

Die Kochertalbrücke ist mit 185 Metern die Höchste Talbrücke Deutschlands – und die beiden 178 Meter hohen Brückenpfeiler sind die höchsten aller Balkenbrücken weltweit.

Der Name der Gemeinde Schwendi bedeutet »durch swenden (schwinden) bzw. ausreuten des Waldes gewonnenes Weide- oder Ackerland«. Bei dieser speziellen Rodungsart erfolgt ein Absterben der Bäume durch Abschälen der Rinde. Scho wieder ebbes g'lernt.

Karl Lenhart aus Kirchheim-Teck entwickelte 1974 mit seiner Firma Leki die weltweit ersten verstellbaren Trekkingstöcke.

Friedrich Wilhelm Karl von Württemberg nahm im Jahr 1806 den Titel »Fürst zu Schwaben« an, als er sich vom Kurfürsten von Württemberg zum König proklamierte.

Die 1826 in Esslingen gegründete Sektkellerei Kessler ist der älteste Sekthersteller Deutschlands.

Wiesensteig hat in seinem Wappen einen klatschenden Elefanten.

Saftig ond schlonzig sott 'r sei – ond schwitza muaß 'r: Der schwäbische Kartoffelsalat ist im Ländle eine heilige Angelegenheit. Bräute mussten ihn früher vor der Hochzeit den zukünftigen Schwiegermüttern testweise zubereiten.

Mitte der 50er-Jahre entstand auf der Schwäbischen Alb das erste deutsche Testfeld für Windturbinen.

Auf der Gemarkung der Stadt Mengen leben rund 35 Biber.

Das bei Krumbach gelegene Heilbad Krumbad ist das älteste Heilbad Schwabens – seine Ursprünge gehen bis ins 14. Jahrhundert zurück.

Die erste handliche Motorsäge, die von einer Person alleine bedient und gehalten werden konnte, wurde 1950 von der Firma Stihl entwickelt.

Ganz schön helle! 1975 entwickelte der Stuttgarter Ingenieur Friedrich Wolff das Solarium.

Der Schwabe Carl Lämmle wanderte 1884 in die USA aus, gründete die Universal Studios und zog mit dem Unternehmen 1914 um auf eine Hühnerfarm. Der Name des Ortes lautete: Hollywood.

Die Backspezialität »Merklinger Nudla« wird aus einem Ei, Milch, Mehl, Hefe, Schweineschmalz sowie etwas Salz und Zucker zubereitet.

Seit 2004 findet jedes Jahr im Sindelfinger Freibad die offizielle Arschbomben-Weltmeisterschaft statt.

Seinerzeit seiner Zeit voraus: Auf der Weltausstellung 1900 in Paris präsentierte der 25-jährige Ferdinand Porsche ein Elektroauto, das er für die k. u. k. Hofwagenfabrik Ludwig Lohner & Co. aus Wien entwickelt hatte.

Theodor Storm wunderte sich 1855, dass Eduard Mörike so breites Schwäbisch sprach – worauf dieser entgegnete: »Wisset Se was? I möcht`s doch net missa.«

Das Passagierschiff »MS Schwaben« der Weißen Flotte auf dem Bodensee, Baujahr 1937, ist 56 Meter lang und steht seit 2014 unter Denkmalschutz.

Dô isch älles so schee uffgraimt! Eine schwäbische Erfindung aus Feuerbach eroberte ab 1895 die ganze Welt – der Leitz-Ordner. Oder wie es damals noch hieß: Hebelordner mit Exzenterverschluss.

Kempten hieß zur Römerzeit Cambodunum.

Typisch schwäbische Nachnamen sind Bäuerle, Brüderle, Eisele, Häberle, Knöpfle, Merkle, Vögele. Viele Namen orientieren sich an Berufsbezeichnungen (Bauer, Metzger, Müller, Schmied) oder drücken die Herkunft aus (Böblinger, Ulmer, Junginger).

Wuff. Neben dem Hundehof auf der Burgruine Kißlegg soll ein vergrabener Schatz liegen. Die Legende spricht von einer großen schwarzen Katze, die in den Gemäuern spukt und ihr Unwesen treibt. Miau.

Das magische Dreieck – darunter verstand man von 1995–1997 das Zusammenspiel dreier Fußballer des VfB Stuttgart: Giovane Elber, Krassimir Balakov und Fredi Bobic. Letzterer brachte mit zwei anderen VfB-Spielern (Gerhard Poschner und Marco Haber) einen Song heraus mit dem Titel »Steh auf«. Die drei singenden Kicker nannten sich: Das tragische Dreieck.

Der Name Weißenau (bei Ravensburg) stammt von den weißen Kutten der Mönche, die dort im 14. Jahrhundert im Kloster lebten.

Augsburg heißt auf Chinesisch Àogésībǎo, auf Französisch Augsbourg, auf Italienisch Augusta, auf Spanisch Augsburgo und auf Ungarisch Ágosta.

Wenn dr Besa draußa hangt, ka mr drenna Wei'le saufa. Im Herbst darf man in vielen Besenwirtschaften die neueste Ernte genießen – dazu gibt's regionale Hausmannskost: Schwäbischen Wurstsalat, Schmalzbrot, Kesselfleisch, Schlachtplatte mit Sauerkraut oder Maultaschen mit Kartoffelsalat.

Wasser marsch! Bei einer Brunnenwanderung kann man sich in Wangen im Allgäu an 17 verschiedenen Brunnen erfreuen.

Ich glaub', es piept! Im Nistkastenmuseum in Ringschnaidt gibt es 500 verschiedene Modelle für Vögel und Fledermäuse sowie Futterhäuser zu sehen.

Früher wurden in Ungarn und Österreich alle deutschen Kolonisten, egal woher sie auch kamen, Schwaben genannt.

Ulrich W. Hütter konstruierte nach Ende des Zweiten Weltkriegs bei den Allgaier Werken in Uhingen das erste Windrad in Deutschland mit aerodynamisch optimierten Flügeln. Der Dreiflügler mit 7,2 Kilowatt Leistung ging 1950 in Serie.

Zwei Kilometer außerhalb von Beuron Richtung Fridingen befindet sich einer der ältesten Soldatenfriedhöfe Deutschlands, u. a. mit Gräbern aus dem Jahre 1814.

Schwarz-Rot-Blau-Grün – ha so a Druggedse! Der Heimsheimer Albert Hirt galt mit mehr als 350 Patenten als »schwäbischer Edison«. Er hat u. a. den praktischen Vierfarben-Kugelschreiber erfunden.

Bis 1618 war die Neckarbrücke in Lauffen am Neckar die einzige zwischen Cannstatt und Heilbronn – und brachte dadurch der Stadt sehr viele Zolleinnahmen.

Das Stuttgarter Mercedes-Benz Museum hat 1.800 dreieckige Fensterscheiben und wiegt 110.000 Tonnen.

Im Deutschen Wörterbuch der Gebrüder Grimm von 1854 taucht der Begriff Schwabenfeld auf: »ein rot und weisz getheiltes feld im nürnbergischen wappen«.

Der Hohenneuffen ist die größte Burgruine Süddeutschlands.

Der 1723 in Marbach geborene und in Esslingen aufgewachsene Astronom, Mathematiker, Physiker und Kartograf Tobias Mayer konstruierte ein neuartiges Messinstrument für die exakte Positionsbestimmung auf See – den Repetitionskreis.

Augsburg wurde 15 v. Chr. auf Befehl von Kaiser Augustus von dessen beiden Stiefsöhnen Drusus und Tiberius als Militärlager gegründet.

Der Stuttgarter Fernsehturm sendet seit seiner Fertigstellung im Mai 1956 Radioprogramme – aber seit 2006 kein einziges Fernsehprogramm mehr.

Als in Schwäbisch Gmünd an Karfreitag 1497 beide Türme des Münsters zum Heiligen Kreuz einstürzten, wurde ein daneben liegendes Wohnhaus zum Glockenturm umgebaut.

Auf dem Affenberg bei Salem in Oberschwaben leben auf 20 Hektar über 200 Berberaffen.

Bei de Reiche lernt mr's Schbara, bei de Arme s' Kocha.

Der Franke Karlmann lud im Jahr 746 Tausende aufständische alemannische Herzöge und Adlige zu einer Versammlung ein. Im sogenannten »Blutgericht zu Cannstatt« ließ er diese gesamte Führungsschicht wegen Hochverrats töten. Danach setzten die Franken zur Verwaltung Alemanniens Grafen ein.

Maultaschen sind in Schwaben das klassische Gründonnerstags-Essen.

Das Stuttgarter Stadtgebiet erstreckt sich über eine Höhendifferenz von über 350 Metern.

Buchhorn (heute ein Teil von Friedrichshafen) galt im Mittelalter als kleinste Reichsstadt.

Eberhard V. legte 1468 auf einer Pilgerfahrt nach Jerusalem das Gelübde ab, sich »von fortan den Bart nicht mehr zu schneyden.« 1495 wurde »Graf Eberhard im Bart« der erste Herzog Württembergs.

Den wohl kuriosesten Ortsnamen Schwabens hat das zu Zwiefalten gehörende Dorf Upflamör.

Upflamör
Gde. Zwiefalten
Lkr. Reutlingen

Im Wald zwischen Spielberg und Cleebronn wurde am 10. März 1847 der letzte schwäbische Wolf erlegt. An das »Untier«, das 50 Schafe gerissen haben soll, erinnert heute der »Wolfsstein«. Das Denkmal wurde aus dem Stein geklopft, der Wolf ausgestopft.

Caesars Worte einst über die Schwaben: Suebi non sunt nati, sed seminati (Die Schwaben sind nicht geboren, sondern gesät). Das sagte er, weil plötzlich so viele vor Rom standen. Letztendlich hat Caesar die Schwaben im 1. Jahrhundert vor Christus vertrieben.

Der gelernte Glasbläser Klaus Fischer schoss am 16. November 1977 im Stuttgarter Neckarstadion beim Länderspiel der deutschen Nationalmannschaft gegen die Schweiz zum 4:1 per Fallrückzieher das offizielle »Tor des Jahrhunderts«.

Der Federseesteg ist der einzige Zugang zum Federsee. Die 1.486 Meter lange Konstruktion steht auf 1.091 Eichenstämmen und wird gehalten durch 45.000 Nägel sowie 97.200 Schrauben.

60 Kilo leicht: In einer Versuchswerkstatt in Bad Cannstatt entwickelten Gottlieb Daimler und Wilhelm Maybach den ersten Einzylinder-Viertakt-Motor und bauten ihn ab 1885 in Zweiräder, Boote und Kutschen ein.

Das Herzogtum Schwaben existierte von 909 bis 1313 – es wurde von 39 Herzögen regiert.

Der Weimarer Dichterfürst Johann Wolfgang von Goethe bestellte 1820 im Stuttgarter Hotel »Römischer Kaiser« am Rotebühlplatz heiße Schokolade und wurde nachts von Wanzen gepiesackt.

Zwei »n«! Das Jahrbuch der Stadt Donauwörth trägt den Titel »annales werdae«.

Im 19. Jahrhundert gehörte die Zeche »Am Schwaben« zu den bedeutendsten Steinkohlebergwerken im Ruhrgebiet.

Dotternhausen im Zollernalbkreis heißt im Volksmund Eigelb-City.

 Auf der Burg Hohenzollern befinden sich direkt nebeneinander die katholische St. Michaelskapelle, die evangelische Christuskapelle und die russisch-orthodoxe Auferstehungskapelle.

Der Stuttgarter Chemiker Karl von Reichenbach entdeckte 1830 das Paraffin.

Downsizing schon vor 200 Jahren: Im Tübinger Hölderlinturm bewohnte der heute berühmte Dichter 36 Jahre lang im ersten Stock ein kleines Zimmer. Auf einer Tafel am Eingang steht »1807–1843. Hier lebte und entschlief Hölderlin«.

500-jährige Tradition: Das Haupt-und Landgestüt Marbach ist das älteste staatliche Gestüt Deutschlands. 10 Millionen Quadratmeter Fläche bieten Platz für rund 550 Pferde.

Im einzigen Strafvollzugsmuseum Deutschlands in Ludwigsburg sind u. a. die Schwarzbrennerei-Utensilien der RAF (Rote Armee Fraktion) aus deren Gefängniszelle in Stammheim ausgestellt – zwei leere Nescafédosen mit etlichen Schläuchen.

Der Schwäbische Städtebund entstand als Verbindung von 22 schwäbischen Städten, die sich am 20. November 1331 zu gegenseitigem Beistand verpflichteten. Im Laufe der Zeit kamen weitere Mitglieder hinzu.

Das Hexenhemd von Veringenstadt aus dem 17. Jahrhundert ist das letzte erhaltene seiner Art. Es ist aus Leinen, wurde extra als Schandkleid gefertigt und bei Hexenprozessen und Folterungen den Beschuldigten angezogen.

Marktoberdorf hat 73 Bau- und 31 Bodendenkmäler.

Gell, do glotsch! Das Naturkundemuseum Stuttgart besitzt über 11 Millionen wissenschaftliche Objekte: 40.000 Mineralien, 500.000 Wirbeltiere, 1 Million Weichtiere, 1 Million Pflanzen, 4,1 Millionen Fossilien und 4,5 Millionen Insekten.

Durch Essingen führt der 818 Kilometer lange Deutsche Limes-Radweg.

Der Bietigheimer Pferdemarkt ist die größte Pferdeschau Schwabens mit bis zu 300.000 Zuschauern pro Jahr.

In Schlaitdorf steht die modernste und energieeffizienteste Ampel der Welt – sie hat statt auswechselbarer Birnen intelligente, langlebige LED-Leuchten. Statt 5.000 kWh pro Jahr wird mit 300 kWh nur 1/16 der früheren Energie benötigt.

Dees isch a Schetzle! Dieter Schetz aus Immenstadt im Allgäu steht im Guinness-Buch der Rekorde mit dem kleinsten Zirkus der Welt. Im »Zirkus Liberta« gibt es seit 1982 nur Hühner, Enten, Gänse, Tauben,

Ratten, Mäuse, Katzen und Hunde. Alles läuft bei den Tieren ohne Zwang – auf freiwilliger Basis.

Schwäbische Ortsnamen in Mundart: Aidlenga (Aidlingen), Boaschda (Beinstein), Dagerscha (Dagersheim), Engersche (Ingersheim), Gloibotmr (Kleinbottwar), Hierleng (Hirrlingen), Katholisch-Nuihausa (Neuhausen auf den Fildern), Mehnga (Mengen), Ooisa (Obereisesheim), Soggadätsch (Strümpfelbach im Remstal).

Es gibt im Stuttgarter Stadtgebiet insgesamt sieben Naturschutzgebiete.

Im schwäbischen Biberach wurden von Claus Niedermaier die »Barber Angels« gegründet – ein bundesweit wohltätiger Verein von Friseuren und Friseurinnen, die Bedürftigen und Obdachlosen kostenlos die Haare schneiden.

A gscheids Essa muaß bei ons Schwôba schwemma – em Deller en 'ra guada Soß dren!

Ein schwäbisches, sehr erfolgreiches Kaufmannsgeschlecht mit Sitz in Augsburg waren die Fugger. Ursprünglich schreiben sie den Namen aber anders: Fucker.

Durch ihren Einfluss und Reichtum stiegen sie u. a. in den Adel auf, nahmen hohe Staats- und Kirchenämter ein und waren auch sehr sozial engagiert und spendabel – sie gründeten Kapellen, medizinische Stiftungen sowie die älteste bestehende Sozialsiedlung der Welt: die Augsburger Fuggerei.

Im Kreis Reutlingen wurde am 06.08.2013 nach einem Gewitter ein Hagelkorn mit einem Durchmesser von 14,1 Zentimetern und einem Gewicht von 362 Gramm gefunden. Deutscher Rekord!

Mario Gomez ist Miteigentümer der 10.001 Zuschauer fassenden mechatronik Arena bei Aspach, in der Fußball-Drittligist SG Sonnenhof Großaspach seine Heimspiele austrägt.

Der 1895 in Tübingen verstorbene Arzt und Chemiker Julius Lothar Meyer entwickelte 1864 das Periodensystem mit den damals bekannten 63 Elementen – von Wasserstoff bis Uran.

Oifach môl oin zieha lassa! Der gebürtige Schwabe Adolf Rambold hat im Jahr 1929 den heute gebräuchlichen Teebeutel erfunden – aus gefaltetem, geschmacksneutralem Filterpapier und verschlossen mit einem Klämmerle.

Der Bodensee ist 252 Meter tief.

Der kommerziell erfolgreichste deutsche Hip-Hop-Song aller Zeiten ist der im September 2017 veröffentlichte Titel »Was du Liebe nennst« von Rapper Bausa aus Bietigheim-Bissingen.

Ganz schee schäps! Das Schiefe Haus von Ulm ist ein spätgotisches Fachwerkhaus mit einer Neigung von 10 Grad. Früher hat hier die Witwe des Schneiders von Ulm ihren Lebensabend verbracht – heute kann man darin speisen und übernachten. Es gilt als das schiefste Hotel der Welt.

Kurz nach dem Tod ihres Sohnes, der nach einem Verkehrsunfall nicht rechtzeitig Hilfe bekam, gründeten die Eltern 1969 in Winnenden die Björn Steiger Stiftung – mit dem Ziel, die Kommunikation im Rettungswesen zu verbessern. So entstanden die Notrufsäulen, der Sprechfunk im Rettungswesen, die deutsche Rettungsflugwacht sowie die bundeseinheitlichen Notrufnummern 110 und 112.

Die württembergische Feuerlöschordnung von 1808 richtete sich an alle »Königlichen Unterthanen«. Jeder Ort musste u. a. einen Feuerwagen mit Laternen, Äxten, Pickeln, Leitern und Pechpfannen besitzen, sowie mehrere Handspritzen, die »regelmäßig geschmiert und vor Ratten und Mäusen wohl verwahrt werden müssen«.

Jeder Mann hatte bei seiner Hochzeit einen »Feuereimer anzuschaffen und denselben auf das Rathaus zu liefern«. Im Winter mussten bei einem Brand »die Weiber so schnell wie möglich heißes Wasser machen und dem Brandplatz zutragen, um dem Ein-frieren der Spritzen damit zu begeg-nen«. Nachbarorte wurden vom Feuerreiter alarmiert, der so schnell reiten sollte, »dass er in einer halben Stunde eine Stunde zurücklegt«.

Der am 22.06.1990 auf den Namen »Fellbach« getaufte Lufthansa-Airbus A310 war in knapp 30 Jahren auf fast 54.000 Flügen rund 45.000 Stunden in der Luft.

In Ulm dürfen keine Enten gefüttert werden – in Neu-Ulm dagegen schon.

Theodor Heuss: »Die Schwaben sind vielleicht der komplizierteste, gewiss aber der spannungsreichste unter den deutschen Stämmen.«

Holla, die Waldfee! Die Bürgermeister der Mitgliedskommunen der Fremdenverkehrsgemeinschaft Schwäbischer Wald e. V. küren alljährlich die »Schwäbische Waldfee«. Als Markenbotschafterin steckt sie in einem Feenkleid, fährt mit einem Feen-Dienstwagen und trägt eine Feenamtskette. Oh, wie ist das feen!

Im Schloss Altshausen bei Ravensburg wurde am 18. Juli 1013 Herrmann der Lahme geboren. Als Siebenjähriger haben ihn seine Eltern dem Kloster Reichenau übergeben – später wurde er einer der großen Gelehrten des Mittelalters.

Das Einkommensniveau ist im Schwabenländle mit das höchste in Germany. Die Kaufkraft liegt rund 6,6 Prozent über dem Bundesdurchschnitt.

Die 1,2 Kilometer lange König-straße gehört zu den längsten und schönsten Fuß-

gängerzonen Deutschlands. Und sie ist auch eine der teuersten Einkaufsmeilen – mit teilweise über 330,– Euro Miete pro Quadratmeter.

Langer Lulatsch! Bei Kälber-bronn stehen 51 Meter hohe Weißtannen und Rotbuchen – und sind damit die größten Bäume Schwabens.

Szwab ist die polnische Bezeichnung für Schwabe – eine eher abwertende Bezeichnung für Deutsche.

Älles Schdoiner! Der Birkenkopf am Rand des Stuttgarter Talkessels ist ein 511 Meter hoher Trümmerberg mit wunderbarer Aussicht über die Stadt – aufgeschüttet aus 1,5 Millionen Kubikmeter Schutt und Ruinen des Zweiten Weltkriegs. In der Bevölkerung heißt er liebevoll »Monte Scherbelino«.

Bei 53 Luftangriffen fielen zwischen 1940 und 1945 durch die Alliier-ten 27.000 Brandbomben auf Stuttgart. Dabei wurden 39.125 Gebäude beschädigt, 67 Prozent der Häuser waren unbewohnbar. Fast die Hälfte der Stadt war zerstört.

Am Ostpfeiler des Arc de Triomphe in Paris ist ganz groß das Wort Wertingen eingemeißelt – zur Erinnerung an den Sieg Napoleons am 8. Oktober 1805 gegen Österreich in der Schlacht bei Wertingen (Landkreis Dillingen an der Donau).

Beim Endspiel der Fußball-WM 2018 in Russland trugen sowohl Frankreichs Nationalkeeper Hugo Lloris als auch sein kroatischer Kollege Danijel Subašić Torwarthandschuhe aus Balingen – von der schwäbischen Firma Uhlsport.

Bei ons verkommt nix! Die Heidenheimer nennt man Knöpfleswäscher. Die Legende erzählt von einer Frau, die einst ihrem Mann zum Mittagessen Hefeknöpfle zur Arbeitsstelle brachte, auf dem Weg dorthin stolperte, und älles isch en dr Dreck g'falla. Sie machte die Knöpfle einzeln an einem Bach sauber und ihr Gemahl hat nichts von ihrem Ungeschick bemerkt. Heidanei!

Schwaben haben eine der niedrigsten Scheidungsraten bundesweit.

Ruderatshofen wurde erstmals urkundlich im Jahr 839 als Ort im Keltensteingau erwähnt mit der Bezeichnung »Hruodoldishoua«.

1980 setzten die Stuttgarter Straßenbahnen (SSB) mit dem »Partywagen 999« erstmals in Deutschland eine umgerüstete Straßenbahn ein, die gemietet werden konnte und sich großer Beliebtheit erfreute. Diesem Vorbild folgten bald darauf viele andere Städte.

1897 rollte das erste Motor-
taxi der Welt auf Stuttgarts
Straßen. Der Fuhrunterneh-
mer Friedrich Greiner ließ bei

Daimler seine Motorkutsche mit einem Taxameter aus-
rüsten. Der Wagen erhielt die Bestellnummer 1329.

Schemmerhofen ist mit rund 8.300 Einwohnern die
größte Gemeinde, die einem Landkreis angehört.

*Ganz schön schräg! Die letzte
historische Standseilbahn
der Welt fährt mit einer Neigung von 28,2 Prozent vom
Südheimer Platz hoch zum
Stuttgarter Waldfriedhof –
deshalb heißt sie im Volksmund auch »Erbschleicher-
express«. In 4 Minuten über-
windet man in der »Holzklasse« eine Höhendifferenz von
87 Metern. Bei der Eröffnung 1929 war die Seilbahn die
schnellste ihrer Art weltweit.*

Ein halbes Jahrtausend! Am Schloss Aulendorf wurde vom 13. bis zum 18. Jahrhundert gebaut. Trialer!
Dees waret sicher auswärtige Handwerksleit – also
koine Schwôba ...

**Ferdinand Porsche
war der Konstrukteur
des Volkswagens.**

Auf über 2 Millionen Klicks bei YouTube bringt es die Mundart-Durchsage einer Stewardess nach der spätabendlichen Landung auf dem Stuttgarter Flughafen. Sie verabschiedete die Passagiere auf Schwäbisch und gab entsprechende Anweisungen:

»Sen Se so fraindlich ond bleibet Se bidde no so lang hogga bis des Lämple mit dem Gurt druff nemme leichtet ond dr Fliagr komplett still schdôht. Basset Se uff, wenn se d' Schadulla öffnat, dass Ihne Ihr Kladdaradatsch da oba net uf dr Deetz fliagt. (...) Mir wünschet Ihne a gmiadliche Hoimfahrt. Kommet Se guad ens Neschd!«

Gerupfter Adler. Das Wappen von Pfullendorf ist seit dem Jahr 1270 unverändert. Seinerzeit müssen die Vögel wenig zu futtern gehabt haben ...

Am Marktplatz von Rottenburg am Neckar steht die wohl schönste gotische Brunnensäule Schwabens. Es ist eine Kopie von 1911, das Original aus dem Jahr 1483 befindet sich in der St.-Moriz-Kirche.

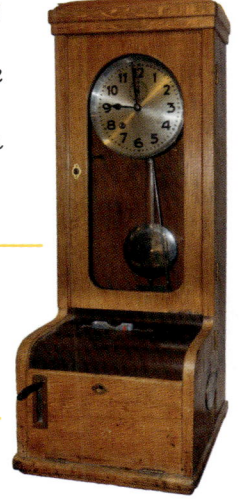

Ganz schee sozial! Robert Bosch führte 1906 als Erster den Acht-Stunden-Tag sowie den arbeitsfreien Samstag ein.

Trollinger, en kloine Gläsle genossa, schadet ao en größ're Menga net! Der Inbegriff des schwäbischen Viertele-Weines dürfte sich vom Begriff »Tirolinger« ableiten, einer dunkelblauen Traube der Südtiroler Rebsorte Vernatsch. Die Römer brachten diese saftigen Beeren einst ins Neckartal – es ist heute die im Schwabenland meist angebaute Rebe. Der Rotwein wurde zum schwäbischen Nationalgetränk.

Wegen eines Verpackungsfehlers waren im Mai 2017 in einem Sechserpack Maultaschen nur fünf eingeschweißt. Die Firma Bürger entschuldigte sich bei dem reklamierenden Studenten mit dem Hinweis, dass vermutlich »die erste Maultasche flüchtete, als sie ahnte, dass sie innerhalb weniger Sekunden verspeist werden würde, ohne sich vorher ein ausgiebiges Bad in Brühe oder Ei zu gönnen«.

Im Wörld Waid Webb gibt es nur einen einzigen Eintrag zum Begriff »Idipfelescheißer«.

Blau, blau, blau ist alles, was ich habe! Andreas Süsser aus Nebringen besitzt weltweit die meisten Schlümpfe – weit über 10.000 der blauen zipfelbemützten Gesellen sowie entsprechende Schlumpfutensilien stehen bei ihm zu Hause in den Vitrinen. Und regelmäßig kommen neue Figuren hinzu.

Sooo viele Leit! Jedes Jahr findet zur Eröffnung des Stuttgarter Volksfests ein großer Fest- und Trachtenumzug von Cannstatt aus zum Wasengelände statt. 1954 gab es mit 300.000 Zuschauern einen bislang nicht überbotenen Rekord.

Für die Teilnehmer gelten u. a. folgende Regeln: Pflicht ist historisches Schuhwerk, entsprechende Kopfbedeckung sowie geschlechtsspezifische Tracht – verboten sind Sonnenbrillen, Uhren sowie sichtbare Tattoos und Piercings. Frauen dürfen nur ohne lackierte Nägel, ohne Make-Up und nicht mit offenem Haar mitmachen. Musikkapellen und Fanfarenzügen ist die Teilnahme nur erlaubt, wenn sie traditionelle Outfits tragen.

Schwäbische Arbeitnehmer fehlen seltener wegen Krankheit am Arbeitsplatz als der Bundesdurchschnitt.

Jürgen Klinsmann wurde in Göppingen geboren. Seine Eltern betrieben eine Bäckerei in Stuttgart-Botnang, in der er eine Bäckerlehre machte. Nach seiner aktiven Fußballkarriere bestritt der Stürmer unter Pseudonym einige Spiele für den amerikanischen Amateurclub Orange County Blue Stars. Klinsmann nannte sich: Jay Goppingen.

Der Bönninger Bürgermeister Johann Heinrich Rieber wurde 1835 getötet – und die Nachkommen eines Auswanderers, dessen Brief zur Identifizierung des Mörders in den USA führte, bekamen nun 183 Jahre später in Maryland einen Teil der Belohnung ausbezahlt. Das Guinness-Buch der Rekorde hat es abgelehnt, diese »älteste Belohnung für die Aufklärung eines Mordes« als Weltrekord anzuerkennen.

Das Zisterzienser-Kloster Maulbronn ist seit 1993 UNESCO-Weltkulturerbe. Es gilt als besterhaltene mittelalterliche Klosteranlage nördlich der Alpen.

In Schwaben gibt es die geringste Kriminalitätsrate in Deutschland. Koi Wonder, mir hän ja eh scho älles – mir brauchet nix meh vo andre!

Fast ein Viertel der Bewohner Schwabens ist unter 25 Jahre alt.

Die Falkensteiner Höhle bei Grabenstetten auf der Schwäbischen Alb ist eine aktive Wasserhöhle mit wasserführenden Gängen und Spalten, die die Quelle der Elsach speisen. Im 18. Jahrhundert wurden Goldgräberlizenzen verkauft, aber niemand hat jemals Edelmetall gefunden. Bloß dr Verkaifer hot a Gschäftle g'macht!

Das erste Motorrad der Welt.
Am 29. August 1885 meldet
der Maschinenbauingenieur
Gottlieb Daimler ein »Fahr-
zeug mit Gas- bzw. Petro-
leum-Kraftmaschine« zum
Patent an. Das Gefährt erhält
die liebevolle Bezeichnung »Reitwagen«.

Als schwäbisch-alemannische
Fasnet wird die Fastnacht im süd-
westdeutschen Raum bezeichnet –
die Kostüme werden oft seit Gene-
rationen vererbt. Neben dem Häs
(Kleidung) werden Larven bzw.
Schemen (geschnitzte Masken)
getragen, die nach altem Brauch
an Dreikönig aus dem Schrank
geholt und abgestaubt werden. Am »Schmotziga
Dunnschdig« finden entsprechende Umzüge statt
und es gibt die beliebten Fasnetsküchle.

Wer isch Millionär? Bei
der Lotto-Ziehung am
1. April 2017 gewann ein
Spieler 11.300.368 Euronen
– der Spielschein wurde im
Stadtgebiet Reutlingen ab-

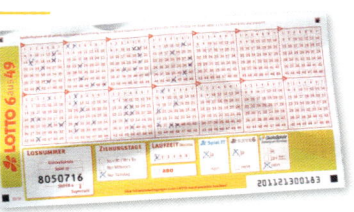

gegeben und bis heute nicht eingelöst. Der Multimillionär
hat noch bis Ende 2020 Zeit, sich bei der Lottozentrale zu
melden – dann verfällt sein Gewinn. Also i däd 's nemma!

Desmol glaub e dir no, abr 's nägschde Mol liagsch
me nemme so a!

In Berlin und München gibt es einen Schwaben-stammtisch.

Auf dem schwarzen Wappen von Altenmünster befindet sich ein Zisterzienser-Schrägbalken mit 9 weißen und 9 roten Quadraten, zwei goldenen Kugeln und einem goldenen Kessel.

Unter den zehn besten Drei-Sterne-Restaurants (Guide Michelin) finden sich zwei aus Baiersbronn – das Restaurant Bareiss und die Schwarzwald-stube im Hotel Traube Tonbach.

Giggalesbronzer nennen sich die Guggenmusiker aus Weißenhorn. Der Gickeler ist das untere Tor der Altstadt – aber bislang hat man noch keinen der Weißahoarer Musikanten nach einem feuchtfröhlichen Fastnachtsabend dort bei ma kloina Gschäftle auf frischer Tat ertappt ...

Das Schwabenländle gehört mit rund 3.800 Software- und Multimediaunternehmen zu den führenden Medien- und IT-Standorten Europas. Insge-samt arbeiten 15 Prozent aller Schwaben in der Hochtechno-logie.

Im Ditzinger Rathaus arbeiten nur Profis.
Die Adresse lautet: Am Laien 1.

**O du freehliche! Die größte hand-
geschnitzte Weihnachtskrippe der
Welt kann man in der Krippena-
2000-Ausstellung in Enzklösterle
im Schwarzwald bewundern.
Innerhalb von 20 Jahren wurden in
der Schnitzerstube von Theo Güter-
mann 19 lebensgroße Krippenfiguren
aus Lindenholz gefertigt.**

Der weltberühmte Mathematiker und Astronom
Johannes Kepler erkannte das heliozentrische Welt-
bild von Kopernikus als physikalische Tatsache.
Kepler wurde 1571 in Calw geboren, kam als Früh-
geburt von sieben Monaten zur Welt und hatte zeitle-
bens ein starkes Augenleiden. Er konnte
deshalb keine direkten Beobachtun-
gen am Himmel machen und sah
wohl nie selbst einen Stern.

Kepler starb im Jahr 1630.
Seine selbst verfasste Grab-
inschrift lautet: »Die Himmel hab
ich gemessen, jetzt mess ich die Schatten
der Erde. Himmelwärts strebte der Geist,
des Körpers Schatten ruht hier.«

*Im Freilichtmuseum Beuren
kann man auch heiraten.*

Der Rosensteinpark in Stuttgart gilt als der bedeutendste Landschaftspark Südwestdeutschlands und ist eine der letzten klassischen Gartenanlagen im englischen Stil. König Wilhelm ließ den Park von 1824 bis 1840 nach Plänen des Hofgärtners Johann Bosch anlegen.

Der in Ludwigsburg geborene Chemiker und Apotheker Felix Hoffmann synthetisierte Acetylsalicylsäure in Pulverform und fand so ein fiebersenkendes Mittel, das auch gegen Schmerzen und Entzündungen half. Der Name: Aspirin.

 Sechs der 44 deutschen UNESCO-Welterbestätten befinden sich im Schwabenländle.

Ein Brunnen in Bad Waldsee ist der Figur des Federle gewidmet. In der Gestalt eines jungen Mannes soll dieser im Mittelalter schrecklich gewirkt haben – und die als Hexen verurteilten Frauen dazu verführt haben, einen Bund mit dem Teufel zu schließen. Die Feder auf dem Hut ist ein Zeichen der Doppelzüngigkeit und ein Phallussymbol.

Soichnass! Die höchste jemals gemessene Regenmenge wurde am 25. Mai 1920 bei Füssen im Allgäu gemessen – innerhalb von 8 Minuten sind sage und schreibe 126 Liter pro Quadratmeter aus den Wolken gefallen.

Heinrich Maucher lebt seit 30 Jahren als Eremit mitten im Wald in der Nähe des Wallfahrtsortes Maria Baumgärtle. Neben seiner eigenen Hütte hat der fast 80-Jährige 35 Holzverschläge als Unterschlupf für Hilfsbedürftige sowie 11 Mariengrotten bzw. Holzkapellen gebaut.

Friedrich Barbarossa stammte aus dem Adelsgeschlecht der Staufer, die sich von der Burg Hohenstaufen auf dem am Nordrand der Schwäbischen Alb gelegenen Berg Hohenstaufen bei Göppingen ableiten. Der rotbärtige Kaiser Friedrich I. war von 1147 bis 1152 Herzog von Schwaben.

Jo, was geht ab, Digga? Stuttgart ist seit den 90er-Jahren Deutschlands Hip-Hop-Hauptstadt. Künstler wie Die Fantastischen Vier, die Massiven Töne, Freundeskreis, Afrob, Cro, Die Orsons, Bausa und viele andere hippen und hoppen und rappen, was das Zeug hält.

Ulm ist der häufigste schwäbische Städtename in den USA – es gibt ihn insgesamt dreimal.

Der größte Holzkopf Deutschlands steht in Erkheim an der A96. Das 12 Meter hohe vierstöckige Kunstwerk wird von der Firma Baufritz als Bürogebäude genutzt.

Pietismus pur. Korntal wurde 1819 als rein religiöses Gemeinwesen gegründet. König Wilhelm I. verlieh den Vorstehern das Recht, dass alle Einwohner Mitglieder der Evangelischen Brüdergemeinde sein mussten. Erst 100 Jahre später, zu Beginn der Weimarer Republik, wurde dieses spezielle Privileg wieder abgeschafft.

Das pietistische Korntal nennt man im Volksmund auch scherzhaft »schwäbischer Pietkong«.

Wilhelmsdorf bei Ravensburg wurde als Tochterkolonie von Korntal gegründet. König Wilhelm I. gestattete den Pietisten, das Lengenweiler Moosried bei Pfrungen ab 1824 trockenzulegen, und verkaufte ihnen das unfruchtbare Land aus seinem Privatbesitz – mitten im katholischen Oberschwaben. Es entstanden viele soziale und diakonische Einrichtungen, Bildungsstätten, Heil- und Pflegeanstalten.

Schwäbische Maßeinheiten:
a Muggaseggele = 1/10 mm
a Fitsele = 1 mm
a bissle = 0,5 cm
o'gfähr = +- 1 cm
a Hennadäbberle = 5 cm
a Katzadäbberle = 15 cm

Dornhan wurde 777 erstmals urkundlich als »Turnheim« erwähnt.

Streckenlänge 2,2 Kilometer. Höhenunterschied 75 Meter. Das Bergrennen Mickhausen auf den Mickhauser Berg gewann 2011 mit Streckenrekord in 46,03 Sekunden der italienische Rennfahrer Simone Faggioli auf einer Osella FA 30. Ond net vergessa: Glei nôch em Ziel d' Migge neihaua!

Ende 2015 hat Weilheim an der Teck erstmals die 10.000-Einwohner-Schwelle überschritten.

Auf der Internetseite von Jettingen steht etwas missverständlich: »Meist gesucht Bürgermeister«. Ob der Kerle Dregg am Schdägga hôt?

Das größte Schweinemuseum der Welt befindet sich in Gaisburg mit mehr als 50.000 saustarken Exponaten rund um den Globus. Im angeschlossenen Restaurant »Schlachthof« gibt es, na klar: Spanferkel, Schweinshaxe und Schnitzel aller Art. Für Vegetarier eine Granatensauerei.

Älles Bschiss! Am 26. Juni 2018 war es in der Stuttgarter Wilhelma mal wieder so weit. Die Titanwurz aus Sumatra ist die berühmteste Pflanze im Zoologisch-Botanischen Garten – sie blüht nur alle sieben Jahre für eine Nacht und wird innerhalb von zwei Wochen mehr als 2,5 Meter groß. Der erbärmliche Gestank soll einen Tierkadaver vortäuschen, um Fliegen für die Bestäubung anzulocken. Titanwurz? Titanfurz!

150 nach Christus schlugen die Römer eine Schneise durch den Schwäbischen Wald – es entstand der obergermanische Limes, die Außengrenze des Imperium Romanum – mit Graben, Wall und Palisaden aus Eichenholz. Heute sind bei Mainhardt noch 300 Meter originale Kastellmauern sowie ein Teil der Grenzanlage erhalten.

Garnisonsort des »Cohors XXIV voluntariorum civium Romanorum« mit bis zu 500 Legionären war die heutige Stadt Murrhardt.

Kinder, Kinder! Heidenheimer Babys werden nicht vom Storch gebracht – sie werden laut Sage aus dem 78 Meter tiefen Kindlesbrunnen geholt, der sich im Brunnengärtle auf Schloss Hellenstein hoch über der Stadt an der Brenz befindet.

Der Stuttgarter Neckarhafen hat eine Hafenbahn mit einem 32 Kilometer langen Gleisnetz. Pro Jahr werden dort rund 60.000 Eisenbahnwagen be- und entladen.

Klappern gehört zum Handwerk: In Bad Saulgau gab es im Juli 2018 zwölf Storchenhorste mit 21 Jungstörchen.

Das wohl berühmteste Zitat von Albert Einstein, der am 14. März 1879 in Ulm geboren wurde, lautet: »Zwei Dinge sind unendlich, das Universum und die menschliche Dummheit, aber beim Universum bin ich mir noch nicht ganz sicher.«

Die Böden von Gundelfingen an der Donau bestehen aus Lösslehm, Kies, Sand, Auelehm, Ried, Moor und Torf.

Nur vier schwäbische Wörter beginnen mit einem X: Xaver, Xangbuch, Xälzbrot und Xondheit.

Die Fantastischen Vier aus Stuttgart waren die erste Band, die deutschen Sprechgesang als Hip-Hop etablierte und bundesweit bekannt machte. Thomas D, Michi Beck und And.Ypsilon sind waschechte Schwaben. Smudo ist in Hessen geboren – wurde aber durch seine Schulzeit in Gerlingen mit allen Eigenschaften vertraut und direkt integriert. Jetz isch 'r ao oiner vo ons!

Calvados ist ein bernsteinfarbener Apfelbranntwein aus der Normandie. In Donzdorf wird ebenfalls ein Apfelbranntwein hergestellt – aus Äpfeln heimischer Streuobstwiesen und mit demselben Alkoholgehalt von 40 Prozent. Sein Name: Calvadonz.

Das Wort Brezel leitet sich vom lateinischen Wort brachium, »der Arm« ab – und sie hat ja auch zwei verschränkte Arme. In Schwaben sitzen die Ärmchen der Laugenbrezel sehr tief und der obere Bogen, der dicke Bauch, wird eingeschnitten, so dass er beim Backen schön hell aufgeht.

Die schwäbischen Neujahrsbrezeln bestehen aus süßem Hefeteig oder aus Milchteig, haben oft ein Zopfmuster und sind ungelaugt. Die Größe variiert zwischen 25 cm und einem Meter.

6 Meter hoch, 60 Meter Durchmesser! Das am Ortsrand von Hochdorf im Landkreis Ludwigsburg direkt beim Keltenmuseum gelegene keltische Hügelgrab zählt zu den größten seiner Art.

In Esslingen am Neckar fahren Busse an einer Oberleitung wie bei der Straßenbahn – es ist eines von nur insgesamt drei elektrisch betriebenen O-Bus-Systemen in Deutschland.

Am 17. März 2018 liefen drei Heilbronner Feuerwehrmänner und eine Feuerwehrfrau in Dienstkleidung inklusive Helm, Sicherheitsschuhen, Beil und Sauerstoffflasche einen Weltrekord – sie absolvierten die bis dahin schnellste 4 x 25 km-Staffel aller Zeiten in 14 Stunden und 50 Minuten.

Das »Biberacher Milzle« ist eine regionale Spezialität aus sieben Sorten Fleisch: Rindfleisch, Kalbfleisch, Schweinefleisch, Kalbsleber, Nierenfett und Kalbsbries. Alles wird gewürfelt und gewürzt, in eine umgestülpte Kalbsmilz gefüllt, gargekocht und, in Scheiben geschnitten, im Suppenteller serviert.

Dietmannsried hat eine eigene Währung – den Dietmannsrieder Wertscheck: Geldscheine mit einer Stückelung von 5 Euro, 10 Euro, 20 Euro und 50 Euro. Man sollte immer exakt einkaufen, Restgeld wird nicht ausbezahlt.

Der Name Dornstadt leitet sich vom mittelhochdeutschen Wort »dorneconstat« ab – was »dornige Stätte« bedeutet. Um die bestellten Felder und auf den angelegten Steinwällen wuchsen viele Dornenhecken.

In Deutschland gibt es 20 Zeppelinsteine. Das sind große Findlinge mit Inschrift, die an eine Landung, an eine Überfahrt oder an ein Unglück mit einem Luftschiff erinnern. Solche Gedenksteine wurden vor allem zu Zeiten großer Zeppelinbegeisterung vor und während des Ersten Weltkrieges aufgestellt.

Es gibt sogar einen Zeppelinstein in der Stadt Zepelin.

Stuttgart hat das größte Mineral-
wasservorkommen Deutschlands –
und das zweitgrößte in Europa.
In Cannstatt gibt es 19 öffentliche
Trinkbrunnen.

»Der schwäbische Heiland« ist laut
Badischem Sagenbuch von 1846 eine
sieben Fuß hohe geschnitzte Jesusfigur, die in einer
Feldkapelle am See in Überlingen zu Ehren von
Jackli (genannt der Seehas) platziert wurde. Er war
der Einheimische der Sieben Schwaben bei deren
Abenteuer am Bodensee. Eine »Copie vom schwäbi-
schen Heiland« befindet sich laut dem Buch im alten
Kirchlein zu Honstetten.

*Die Freiwillige Feuerwehr
Daxberg im Unterallgäu
unterhält eine Partner-
schaft mit der Freiwilli-
gen Feuerwehr Daxberg
aus Unterfranken.*

Durch Hirrlingen verläuft
der Längengrad 8.8888.

**Lidl-Gründer Dieter Schwarz aus
Heilbronn ist aktuell der reichste
Deutsche. Er kaufte seinem ehe-
maligen Geschäftspartner Ludwig
Lidl die Namensrechte ab – weil der
Discounter-König sein erfolgreiches
Unternehmen nicht »Schwarz-Markt«
nennen wollte.**

Die Bewohner von Baden bezeichnen sich selbst als Badener – und wollen nicht Badenser genannt werden, da sie es als geringschätzig und abwertend empfinden. Der Duden lässt beide Formen als gleichwertig zu. Pech ghet, Badenser!

Als 1954 ein Heilbronner Abgeordneter des Landtags von Baden-Württemberg das Wort »Badenser« gebrauchte, intervenierte der nordbadische CDU-Abgeordnete Franz Gurk umgehend und rief durch den Saal, er werde ihn künftig als »Heilbronnser« bezeichnen. Danach ging er bronnsen.

Der runde, 30 Meter hohe Wasserturm in Kornwestheim diente zur Versorgung der Dampflokomotiven. Er hat einen Durchmesser von 14,5 Metern und ein Volumen von 1.100 Kubikmetern – das sind 183.333 Kästen Bier.

Die jährliche Durchschnittstemperatur von Munderkingen beträgt 7,9 Grad Celsius.

Hätt dr Adam Moschd meega, hätt 'r dr Ebfl uff koin Fall gfressa! Deutschlands Apfelsaftquelle Nummer eins ist und bleibt das Schwabenländle.

Beim Ausheben einer Baugrube wurde im Frühjahr 2017 bei Mössingen ein 4.500 Jahre altes Grab gefunden – sowie das komplette Skelett eines enthaupteten Pferdes.

Richtig bekannt wurde das von der Textilindustrie geprägte Industriedorf Mössingen allerdings am 31. Januar 1933, als Jakob Stotz den »Mössinger Generalstreik« anführte – der einzige Arbeiteraufstand in Deutschland gegen die Machtergreifung Adolf Hitlers, direkt am Tag nach dessen Ernennung zum Reichskanzler.

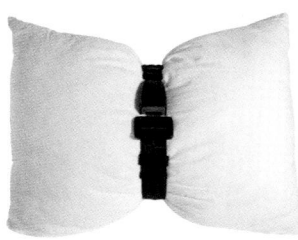

Die Patentschrift: DE 21 52 902 C2. Die Bezeichnung: Aufprallschutzvorrichtung für den Insassen eines Kraftfahrzeuges. Das Auto: die S-Klasse von Mercedes Benz. Im Jahr 1981 wurde der erste deutsche Wagen mit einem Fahrer-Airbag ausgestattet. Das Luftprallsäggle zählt inzwischen zur Standardausstattung aller Neuwagen.

Blos net fliaga lassa! Im Museumsshop des Zeppelinmuseums Friedrichshafen gibt es Christbaumkugeln in Zeppelinform.

Erschter! Bereits in den 1970er-Jahren gab es auf dem Dach des Stuttgarter Kaufhauses Breuninger einen »Skybeach« mit Liegestühlen zur Entspannung und imposanter Aussicht auf die Stadt – allerdings ohne Sand. Statt »chillen« hieß es damals noch ganz spießig »Päusle macha«.

Breuninger hatte ab 1955 mit 1.000 Quadratmetern die größte Änderungsschneiderei Deutschlands – und führte als erstes deutsches Handelsunternehmen die bargeldlose Zahlung mit einer eigenen Karte ein.

In Neuler gibt es den Verein »Guggen gegen Gewalt«. Net glotza gega Gwalt – sondern falsch Musik schbiela gega Gwalt! Was's so älles gibt …!

Die wohl typischste Baden-Württembergische Stadt ist Villingen-Schwenningen – die beiden Orte wurden 1972 fusioniert. Villingen gehört zu Baden und ist katholisch, Schwenningen ist protestantisch geprägt und schwäbisch-württembergisch. Jeder meint, er wär' ebbes Bessers. Vorurteile können auch Spaß machen.

Die mittelalterliche Altstadt von Nördlingen war bereits mehrmals Filmkulisse – unter anderem bei Aufnahmen für »Charlie und die Schokoladenfabrik« und »Bibi Blocksberg«.

In Ofterdingen kommt bei Niedrigwasser im Bachbett der Steinlach entlang der Kriegsstraße eine 4 Meter breite und 100 Meter lange Gesteinsplatte zum Vorschein – das sogenannte Schneckenpflaster. Es ist als geologisches Naturdenkmal geschützt und besteht aus fossilen Ammoniten und Austernmuscheln.

Seit mr dr Kruscht weggheiratet hen, laufet bloß no scheene Mädle rom!

Im Jahr 2016 wurde »Käthe Kruse« als Marke des Jahrhunderts ausgezeichnet. Ihre handgefertigten Puppen, zuerst aus Kösen, dann aus dem schwäbischen Donauwörth, wurden weltberühmt. Käthe Kruses Leitspruch war: »Die Hand geht dem Herzen nach. Nur die Hand kann erzeugen, was durch die Hand wieder zum Herzen geht.«

Auf der Baumburg bei Hundersingen in Oberschwaben spukt das sogenannte »Weiße Fräulein«.

Omsonscht gschafft! Der älteste Straßenbahn-Gleisrest Stuttgarts befindet sich seit 1910 am östlichen Ende in der Markthalle, am Eingang Dorotheenstraße. Obst, Gemüse, Fleisch, Fisch und Blumen von außerhalb sollten so direkt angeliefert werden – doch das 25 Meter lange Gleis ging nie in Betrieb.

Vom 51 Meter hohen »Mehlsack« in Ravensburg aus wollten die Bürger die Landvögte auf der Veitsburg im Auge behalten. Der Name des um 1425 erbauten Wehrturms kommt von seinem weißen Verputz und der runden Form.

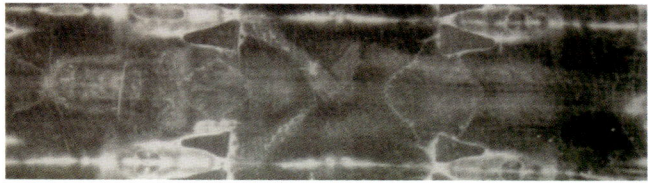

Der Augsburger Fußball-Nationalspieler Helmut Haller machte kein einziges Spiel in der Bundesliga. Er wechselte vom BC Augsburg direkt nach Italien zum FC Bologna, spielte danach bei Juventus Turin und nahm während seiner Zeit im Ausland an drei Weltmeisterschaften teil: 1962, 1966 und 1970. Ab 1973 kickte er beim FC Augsburg in der zweiten Liga.

Der Name Türkheim leitet sich ab vom germanischen Stamm der Thüringer und hat nichts mit dem Begriff Türke zu tun.

In der Pfarrei »Maria Himmelfahrt« in Türkheim befindet sich eine Kopie des Turiner Grabtuches. Herzog Maximilian Philipp von Bayern erhielt auf seiner Italienreise 1666/67 diese Berührungsreliquie von seinem italienischen Schwager Karl Emmanuel II. – das Original befindet sich in Turin in der Kirche S. Giovanni Battista.

Alexander Kainz aus Leutkirch besitzt 475 unterschiedliche Postkarten mit nur einem einzigen Motiv: Schloss Neuschwanstein. Damit hält er den Weltrekord für die »größte monothematische Postkartensammlung«.

Seit 1980 gibt es den FC Grün-Weiss Ichenhausen. Der Verein ist der älteste Zusammenschluss von sogenannten Jenischen in Deutschland. Jenische waren einst »auf Achse« u. a. als Bürstenmacher, Kesselflicker, Schausteller, Scherenschleifer und Schrotthändler.

Die Insel Mainau ist eine der Hauptattraktionen am Bodensee mit jährlich bis zu 2 Millionen Besuchern. Die mit 45 Hektar Fläche drittgrößte Insel im Schwäbischen Meer wird wegen ihrer reichen subtropischen Vegetation auch Blumeninsel genannt.

Auf der Insel Mainau heiraten jedes Jahr rund 100 Paare.

Begrüßens-wert! Ein Unternehmer aus Wert-ingen wurde zu 21 Monaten Haft verurteilt, weil er 130 Tonnen Schlachtabfälle umetikettierte und billig weiterverkaufte. Seine Firma Wert-Fleisch lieferte das wert-lose Gammelfleisch u. a. an Dönerbuden nach Norddeutschland. 2007 wurde Anklage erhoben, aber erst vier Jahre später das Urteil gesprochen. Was lange wert ...

Hab' mein' Wagen vollgeladen...! Die weltweit größte Stromtankstelle geht Ende 2019 an der A8 bei Zusmarshausen in Betrieb. Bis zu 4.000 Elektrofahrzeuge können täglich an 144 Ladestationen innerhalb von 60 Minuten aufgeladen und mit der benötigten Energie versorgt werden.

Am 1. Januar 1974 wurde die Gemeinde Schwabe in die Gemeinde Jevenstedt (Schleswig-Holstein) eingegliedert.

Das größte Osternest der Welt steht Jahr für Jahr in Lauingen – 16 Meter lang und 14 Meter breit. Im riesigen Unterbau aus unzähligen Reisigbündeln befinden sich 40.000 individuell gestaltete Eier sowie fünf 2,25 Meter hohe, bunt bemalte Rieseneier.

Der Name des Reutlinger Hausberges Achalm ist wahrscheinlich von den altdeutschen Begriffen Ache und Alm abgeleitet, was so viel bedeutet wie »Bach an der Bergweide«. Eine andere Theorie stammt von der Legende des tödlich getroffenen Burgherrn Graf Egino, dessen letzte Worte »Ach Allm...« waren, bevor er verstarb – und »Allmächtiger« nicht mehr vollständig aussprechen konnte.

Im 7. bis 9. Jahrhundert ließen sich alemannische Siedler an einem Sumpfgebiet nieder – aus dem »Dorf am Pfuol« wurde im Laufe der Zeit der Name Pfullendorf.

Schellet Se net an sellra Schell, sell Schell schellt net. Schellet Se an sellra Schell, sell Schell schellt.

Zu Lauben gehören unter anderem die Orte Ellensberg, Finken, Grund, Hafenthal, Hofen, Moos und Nasengrub.

Der 1928 in Plochingen geborene Gründer der Fischer-Chöre, Gotthilf Fischer, erhielt für seinen Einsatz zur Erhaltung des Friedens auf der Welt im Jahre 2006 den 1. Weltfriedenspreis der Internationalen Chorolympiade.

Als Schwabenweg bezeichnet man den Abschnitt des Jakobswegs von Konstanz zum Wallfahrtsort Einsiedeln in der Schweiz. Vorwiegend Schwaben pilgerten schon im Mittelalter vom Bodensee aus durch den Kanton Thurgau und das Züricher Oberland, vorbei am Zürichsee, über den Etzelpass zum Kloster Einsiedeln.

Es ist wollbracht! 222 Wollknäuel mit mehr als 30 km Länge: Die schwäbische Hausfrau Elke Hahn verschönerte im November 2017 insgesamt 111 Pfosten rund um die Stuttgarter Messehallen mit darübergestülpten, selbstgemachten Puppen-Charakteren. Die Guerilla-Häklerin erzielte damit den Weltrekord für die »größte Open-Air-Ausstellung gehäkelter Pfostenmützen«.

0,005 Gramm! 3,25 mm! Weltrekord! Der Automechaniker Heinz Schramm aus Pfronstetten hat den kleinsten funktionsfähigen Eisenbahn-Hemmschuh der Welt gefertigt. Dieser Unterlegkeil, der das Wegrollen des Waggons verhindert, wiegt im normalen Leben 15 Kilogramm und ist 65 cm lang.

Meersburg blieb im Zweiten Weltkrieg unzerstört.

Das Gespannwunder: Im Rahmen der Reformation wurde 1525 aus einer schwäbischen Kirche das Kruzifix gestohlen und von einem katholischen Weinhändler gefunden, der es auf seinem Wagen versteckte. In Biberbach am Kirchberg verweigerten die Zugpferde ihren Dienst und ließen sich erst nach dem Abladen des Kreuzes zum Weiterlaufen bewegen.

Ganz schön verrückt! In Ulm gibt es ein verrücktes Haus – es wurde 1890 erbaut und bereits 13 Jahre später, wie es auf einer angebrachten Infotafel steht, »im Ganzen ohne jeden Unfall ca. 50 Meter weit verschoben und dabei um ein Viertel seiner Achse gedreht«.

Hirschlanden spielt in der Tipp-Kick Bundesliga. Unter anderem heißt es in den Verbandsspielregeln: »Gespielt wird mit einem Kicker und einem Torwart. Der Kicker darf frisiert, jedoch im Umfang nicht vergrößert werden.« Also: Friseur ja, zu viel Füttern oder Klamotten anziehen, nein!

Wer cån, der cån! Die 2014 mit 84 Jahren verstorbene gebürtige Stuttgarterin Doris Haug war 43 Jahre lang Chefchoreografin im weltberühmten Pariser Nachtclub »Moulin Rouge«. 60 frivol gekleidete Cancan-Tänzerinnen hörten auf das Kommando der schwäbischen Ballettmeisterin. Die Hupfdohlen sind auch als »Les Doriss Girls« bekannt.

Der Schwäbische Wurstsalat besteht aus Fleischwurst oder Leberkäse, dazu kommen Zwiebelringe, Essiggurken – und ganz wichtig: Schwarzwurst. Alles zusammen mit einer Essig-Öl-Vinaigrette übergießen und kurz ziehen lassen.

Die meisten Erfindungen, die in Deutschland zum Patent angemeldet werden, stammen aus dem Schwabenländle.

Ghopft wie gschbronga! In der Gegend zwischen Oberndorf, Rottweil und Schömberg wurde die Bezeichnung »Narrensprung« geprägt. So werden die Umzüge der schwäbisch-alemannischen Fasnet bezeichnet, bei denen sich die Figuren und Hästräger im Hüpfschritt und an Stecken zu entsprechenden Narrenmärschen bewegen.

In Diedorf stehen sieben Elemente der Berliner Mauer.

In Stuttgart gibt es einen Ghost-
walk: Geisterführungen durch die
City mit schaurigen Geschichten
über geschichtsträchtige Orte, her-
umspukende Gestalten, Säufer und
Brandstifter, Mörder und kopflose
Reiter – wie der zu Unrecht wegen
Mordes hingerichtete Postmichel, der
viele Jahre als kopfloser Reiter in der Stadt
herumspukte, bis der wahre Täter starb.

Der am 12. April 1948 im schwäbischen Gerabronn
geborene ehemalige Außenminister und Vizekanzler
Joschka Fischer heißt eigentlich Joseph Martin
Fischer.

**Mit rund 10.000 Studierenden ist
die Universität Hohenheim die
Nr. 1 in Agrarforschung und Food
Sciences in Deutschland – sie
wurde vom württembergischen
König Wilhelm I. im Jahr 1818 als
landwirtschaftliche
»Unterrichts-,
Versuchs- und
Musteranstalt«
gegründet.**

*Im Wappen von Blaustein gibt es
weder die Farbe Blau noch einen Stein.*

Dischingen ist von der Reformation
unberührt und folglich immer
römisch-katholisch geblieben.

Auf dem »Englischen Friedhof« im Wald zwischen Schloss Syrgenstein und Edelitz ließ ein Engländer namens James Whittle zwischen 1858 und 1882 sein Dienstpersonal aus der Heimat bestatten. Mitglieder der anglikanischen Kirche durften nicht auf dem katholischen Friedhof begraben werden – so fanden sie auf dem bewaldeten Grundstück des Schlossherrn ihre letzte Ruhe.

Im Jahr 1850 hatte Holzgerlingen 1.824 evangelische und nur 14 katholische Einwohner – heute sind 42 Prozent der Bevölkerung evangelisch und 22 Prozent katholisch.

Ministerpräsident Winfried Kretschmann meint, dass man im Ländle zumindest das Stuttgarter Staatsballett sowie das Naturtheater Hayingen gesehen haben sollte.

Isch dees Kunscht oder kann dees weg? Für das Zentrum für Psychiatrie in Friedrichshafen platzierte ein Künstler überdimensional große Objekte um die Gebäude mit dem Titel »Schüssel, Latten und Vitrine« – in Anspielung auf die Redensarten »einen Sprung in der Schüssel«, »nicht mehr alle Latten am Zaun« und »nicht alle Tassen im Schrank«. Ohne Kommentar.

Im Mai 2018 hörten die Fahrgäste folgende Durchsage am Sigmaringer Bahnhof: »Wegen Personalmangels endet der Interregio-Express in Sigmaringen.« Ohne Zugbegleiter fuhr der Zug einfach nicht weiter. DB – Dahoim Bleiba!

Stuttgart ist seit 2012 unangefochten Deutschlands Kulturmetropole Nummer eins. Im Ranking werden u. a. die Zahl der Plätze in den Theatern und Opern sowie die Gesamtzahl der Besucher berücksichtigt.

Der erste Flughafen in Deutschland befand sich in Friedrichshafen, wo schon vor 1908 planmäßige Zeppelin-Linienfahrten stattfanden.

Mr sieht dir beim Veschbra ao net â, was du beim Schaffa für en Daggl bisch!

Der schwäbische Chemiker, Erfinder und Professor Paul Theodor Schlack entwickelte 1938 eine Polyamidfaser, die man Perlon nannte. Den Kunststoff hat man u. a. für die Herstellung von Reinigungsborsten und Fallschirmen verwendet – ab den 1940er-Jahren wurden als Alternative zu Nylon Damenstrümpfe aus Perlon hergestellt.

Strümpfelbach heißt im Volksmund Nylon River.

Der Bussen gilt als der »Heilige Berg Oberschwabens«. Man fand Hinweise sowohl auf eine keltische als auch auf eine germanische Kultstätte – und heute steht dort die Kirche St. Johannes Baptist, die bereits im Jahr 805 als Wallfahrtskirche urkundlich erwähnt wurde.

Die Politikerin und Frauenrechtlerin Anna Haag aus Cannstatt gründete 1951 in ihrer Heimatstadt das erste Mehrgenerationenhaus Deutschlands. Gemäß ihrer Idee »Großfamilie unter einem Dach« beherbergt das Haus heute u. a. eine Kindertagesstätte, eine Einrichtung für lernschwache Jugendliche sowie ein Seniorenzentrum.

Filderstadt hat den Gemeindeschlüssel 08 1 16 077.

BO *Mir hen fascht dr Greeschde! Das über der Autobahn A8 querliegende Bosch-Parkhaus direkt an der Messe Stuttgart hat den weltweit zweitgrößten Schriftzug überhaupt – nach Hollywood. Das gesamte Logo hat eine Länge von 55 Metern, die riesigen beleuchteten Buchstaben sind 8 Meter hoch und wiegen jeweils vier Tonnen.*

Die Wasserläufe des Eistobels bei Isny fallen 70 Meter in die Tiefe.

Zwei der wohl bekanntesten Attentate auf Adolf Hitler wurden von Schwaben ausgeführt. Der 1903 in Hermaringen geborene Georg Elser versteckte am 8.11.1939 eine Zeitbombe im Bürgerbräukeller in München. Der 1907 in Jettingen geborene Claus Schenk Graf von Stauffenberg ist für das Attentat am 20.07.1944 im Führerhauptquartier Wolfsschanze bei Rastenburg in Ostpreußen verantwortlich.

Das Wappen von Heidenheim wird wie folgt beschrieben: »In Gold ein bärtiger Heidenkopf mit rotem Gewand, blauem Kragen und rotem Heidenhut mit blauer Krempe.« Heidanei!

Die Heuneburg ist der älteste keltische Ort nördlich der Alpen – und zugleich das älteste massive Lehmbauwerk. Im 5. Jahrhundert vor Christus beschrieb der griechische Schriftsteller Herodot dort die Keltenstadt Pyrene. Die Wehranlage und andere Hinterlassenschaften gibt es im Freilichtmuseum bei Herbertingen-Hundersingen zu entdecken.

Wemmer no reich wäret – arm wär' mr schnell wieder!

Das Anbringen der schwäbischen oder württembergischen Flagge auf Gebäuden des Landes ist laut Baden-Württembergischer Flaggenverordnung verboten. Nur die Landes-, Bundes- oder Europafahne sind erlaubt. 2013 wurde zum Christopher Street Day eine Regenbogenfahne auf dem Neuen Schloss in Stuttgart gehisst – laut dem baden-württembergischen Ministerpräsidenten ein »klarer Rechtsverstoß«.

Die meisten Kreisverkehre pro Einwohner hat die Stadt Mössingen. In und um Mössingen gibt es insgesamt 12 Stück – man nennt sich also nicht umsonst »Große Kreisstadt« …

Der international erfolgreiche Regisseur, Drehbuchautor und Produzent Roland Emmerich ist in Maichingen aufgewachsen. Der »Schwabe in Hollywood« wurde berühmt mit Filmen wie »Independence Day«, »Godzilla« oder »The Day After Tomorrow«.

Die schwäbische Bastille. Der Hohenasperg bei Ludwigsburg ist laut Volksmund »Württembergs höchster Berg« – hinauf gelangt man schnell, aber man braucht oft viele Jahre, um wieder herunterzukommen. Seit dem Mittelalter diente die Festung auf dem 100 Meter hohen Keuperberg als Gefängnis für Straftäter aller Art sowie politische Gefangene. Aktuell ist dort ein Strafvollzugskrankenhaus untergebracht.

1919 gründete Gottlob Bauknecht in Neckartenzlingen eine elektronische Werkstatt. 1948 wurde die erste elektrische Rührhilfe »Allfix« produziert, der erste Kühlschrank 1951. Dann folgten Wasch- und Spülmaschinen. »Bauknecht weiß, was Frauen wünschen« gehörte in den 1950er und 1960er-Jahren zu den bekanntesten deutschen Werbeslogans.

»Soli deo – allein für Gott«. Ein Jahrtausendkunstwerk von Weltrang ist das von 1687 bis 1691 gefertigte Chorgestühl im Kartäuserkloster in Buxheim. 31 der ursprünglich 36 reich verzierten Chorstühle des Tiroler Holzschnitzers Ignaz Waibl sind noch vollständig vorhanden.

Biopren statt Neopren! Weltrekord im Sonthofener Baggersee: Nur mit Bademütze, Schwimmbrille und Badehose bekleidet ist der Oberallgäuer Hamza Bakircioglu als erster Mensch im nur 4,1 Grad kalten Eiswasser eine Strecke von 3.450 Metern geschwommen. Der Extremsportler vertraute auf seine Fettschicht – er hatte extra 10 Kilo zugenommen. Fette Sache!

Lied der Schwaben

Kennst du das Land, wo jeder lacht,
wo man aus Weizen Spätzle macht,
wo jeder zweite Fritzle heißt,
wo man noch über Balken scheißt,
wo jede Bank ein Bänkle ist
und jeder Zug ein Zügle,
wo man den Zwiebelkuchen frisst
und Moscht sauft aus dem Krügle,
wo »daube Sau«, »leck mich am Arsch«
in keinem Satz darf fehlen,
wo sich die Menschen pausenlos
mit ihrer Arbeit quälen,
wo jeder auf sein Häusle spart,
hat er auch nichts zu kauen,
und wenn er 40, 50 ist,
dann fängt er an zu bauen!
Doch wenn er endlich fertig ist,
schnappt ihm das Arschloch zu!
O Schwabenland, gelobtes Land
wie wunderbar bist du.

Dreiviertel Femfe bedeutet: Es ist Viertel vor Fünf. Oder ao: Sechzehn Uhr fünfundvierzig. Aber so bleed schwätzt hald koiner!

Südlich des Höchsten wird Bodenseealemannisch, nördlich davon wird Schwäbisch gesprochen. Rund um den Aussichtspavillon des Berggasthofes Höchsten gibt es einen Mundartweg – mit Infotafeln und Fußabdrücken von Erwin Teufel und anderen Prominenten.

Das direkt am Stuttgarter Schlossplatz gelegene Neue Schloss in Stuttgart wurde ab 1746 nach dem Vorbild von Schloss Versailles gebaut und war Residenz der württembergischen Herzöge und Könige – heute ist dort u. a. das Ministerium für Finanzen und Wirtschaft untergebracht. Ao nix rechts!

Eines der größten Open-Air-Festivals in Deutschland: Auf dem ehemaligen Heeresflugplatz von Neuhausen ob Eck findet jährlich das Southside-Festival statt – auf 800.000 Quadratmetern Fläche, mit 4 Bühnen und rund 60.000 Besuchern.

Älles selber gmacht! In der Renninger Martinuskirche gibt es eine der größten und meistbesuchten Weihnachtskrippen. Hunderte Figuren und Dutzende Gebäude stellen christliche und weltliche Szenen dar. Jedes Jahr gibt es ein neues Motto – und viele bekannte Promis und Politiker sprechen und singen im Gottesdienst.

I han amol oin kennt ghet, der hot oine kennt ghet, die hot a Kend ghet. Des hot se aber net von sellem ghet, weil der hot nemme kennt ghet. Sie hot en andra kennt ghet, der hot no kennt ghet, ond von dem hot se des Kend ghet. Wenn se den net kennt ghet hätt, no hätt se ao koi Kend ghet.

Zu den ältesten Musikinstrumenten der Welt zählen zwei 40.000 Jahre alte Flöten aus Vogelknochen und eine 19 cm lange Flöte aus Mammutelfenbein – sie wurden in einer Höhle bei Blaubeuren entdeckt, dem Geißenklösterle.

165.000 Exponate aus unterschiedlichen Kulturen: Das Linden-Museum Stuttgart gilt als eines der größten Völkerkundemuseen Europas – mit einer einzigartigen Sammlung von Kunst und Alltagsgegenständen aus Afrika, Amerika, Asien und Ozeanien.

Wallerstein liegt im schwäbischen Landkreis Donau-Ries. Waller heißen im Rieser Dialekt die Pilger und Wallfahrer. Das Wahrzeichen der Gemeinde steht in der Ortsmitte – und ist eine Pestsäule. Eine der lateinischen Inschriften lautet: »Die wüste Seuche sei fern von Heimat und Haus«.

In seinem Drama »Aluta« lässt der Dramatiker Simon Roth im Jahre 1557 erstmals einen Schwaben auftreten.

Gang nuff, kââsch nonder gugga! Erstmals urkundlich erwähnt wurde die Burg Teck bei Owen im Jahre 1152 als »Castrum Thecce«. Die Burg liegt 774 Meter hoch und steht auf einem sogenannten Zeugenberg –

das sind isolierte Erhebungen, bei denen die Landschaft ringsum durch Erosion abgetragen wurde.

Dô hocket se! Eine Hocketse ist ein kleines, meist von Vereinen organisiertes Feschtle mit Biertischen und gemütlicher Atmosphäre – es gibt Gegrilltes, Rote Würste, Zwiebelkuchen, Schupfnudeln mit Sauerkraut, Maultaschen sowie regionale Spezialitäten. Ond manche g'fallts so guat, die hocket am Morga emmer no dô ...

Zündende schwäbische Idee! Der Siebmacher und Hutmacher Jakob Friedrich Kammerer stellte erstmals 1832 industriell Streichhölzer her. Dem Ludwigsburger Käpsele gelang es, Phosphor mit Schwefel und Kaliumchlorat auf einen Zündkopf zu verleimen.

Das Wappen von Burgau im schwäbischen Landkreis Günzburg symbolisiert eine »Burg in der Au« – und sieht mit dem abgebildeten weißen Turm, dem halb geöffneten gelben Gittertor sowie den beiden flankierenden grünen Tannen vor blauem Hintergrund aus wie ein Comicbild aus einem Märchen.

Der Schnellzug DC 962 der Deutschen Bundesbahn von Nürnberg nach Karlsruhe trug den Namen »Schwabenland«.

08:33   86   ***SCHWABENLAND***
Rottweil 08:50 — Horb 09:19 — Böblingen 09:45 —
Stuttgart Hbf 10:09
Tarifhinweis: EC/IC-zuschlagpflichtig
Verkehrstage: täglich

Ganz schön auf zack! Deutschlands letzte Zahnradbahn im Linienbetrieb bringt seit 1884 Fahrgäste vom Marienplatz in Stuttgart-Süd 480 Meter höher auf die Filderebene nach Degerloch. Zuerst fuhr »die Zacke« mit Dampf, seit 1902 elektrisch. Die Strecke führt auf einer eigenen Trasse an Grundstücken und Gärten vorbei und bietet tolle Ausblicke auf die Stadt.

Auf der Südseite des Ulmer Rathauses ist eine »Ulmer Schachtel« abgebildet. Auf diesen schwarzweiß gestreiften kiellosen Einweg-Booten fuhren schwäbische Auswanderer zwischen dem 17. und 18. Jahrhundert von Ulm aus donauabwärts in ihre

neue Heimat. Viele Donauschwaben haben am Zielort die Boote zerlegt und u. a. als Nutzholz verwendet.

You are not a-lone: In Lonsee gibt es den Lonesee, die Lonequellschule Ursprung, den Lonetalradweg und den Lonetopfweg. Im Sommer Triath-lon und im Winter Biath-lon. Die Entfernung von Lon-see nach Lon-don beträgt 789 Kilometer – soviel wie 3.156.000 aneinandergereihte Wasser-me-lon-en. Ganz schön lon-g!

Die Wallfahrtskirche Steinhausen bei Bad Schussenried in Oberschwaben gilt als die schönste Kleinkirche der Welt.

Was duad denn dui Denne do danna en dene denne Dennela denna?

Schuhgröße 5.477! Im Herbst 2018 wurde in Indien die größte Statue der Welt eingeweiht – gebaut mit Hilfe von zwei Liebherr-Kränen aus Biberach. Sie ist mit 182 Metern viermal so hoch wie die Freiheitsstatue und zeigt Vallabhbhai Patel, den Führer der indischen Unabhängigkeitsbewegung. International indergröße indertat inderessant.

Um 1095 übte der Abt von Alpirsbach in Dornhan die niedere Gerichtsbarkeit aus und hielt dreimal jährlich »Dinggericht«. Wenn ein Leibeigener starb, so bekam das Kloster »den besten Fall« – bei einem Mann war dies das beste Stück Vieh aus dem Stall, bei einer Frau das beste bzw. wertvollste Kleid.

Maul - u. Klauenseuche Sperrbezirk
Einfuhr und Durchtreiben von Klauenvieh, sowie Durchfahren mit Wiederkäuergespann verboten

Der Leonberger Pferdemarkt ist seit 1768 nur achtmal ausgefallen: 1911, 1915, 1938, 1939, 1941, 1942, 1945 und 1966 – wegen Maul- und Klauenseuche. Aber Pferde sind hierfür nicht anfällig. Nur Paarhufer.

Schwäbische Ortsnamen in Mundart: Aua (Owen), Bäsge (Besigheim), Cralse (Crailsheim), Dahla (Talheim), Dotsch (Dornstetten), Eesenga (Ensingen), Frielza (Friolzheim), Gärtlich (Kleingartach), Hafa (Friedrichshafen), Hessga (Hessigheim), Hoidna (Heidenheim), Kalb (Calw), Kircha (Kirchheim), Lombaburg (Ludwigsburg), Mekka (Meckenbeuren), Neifa (Neuffen), Schdoina (Steinheim), Weila (Weilheim).

Die Popband PUR aus Bietigheim-Bissingen hat sich 1975 als »Crusade« gegründet, benannte sich 1980 in »Opus« um und ist seit 1985 unter ihrem aktuellen Namen bekannt. Die Band zählt zu den Interpreten mit den am meisten verkauften Tonträgern in Deutschland.

Ist das Kunst oder kann das weg? Am Stuttgarter Pragsattel wurde zur Internationalen Gartenbauausstellung 1993 vom holländischen Künstler Herman de Vries eine 2,85 m hohe Einzäunung ohne Tür mit 11 m Durchmesser geschaffen, um der Natur einen geschützten Raum zu bieten. 25 Jahre konnte alles ungestört wachsen und gedeihen – bis das Forstamt im April 2018 die Fläche komplett (!) rodete. Das Amt spricht von »Rückschnitt«, Künstler und Bevölkerung sind entsetzt. Schwäbische Gründlichkeit ...

In Schwäbisch Gmünd gibt es ein Bud-Spencer-Bad.

1951 fand im Freibad von Schwäbisch Gmünd ein Schwimm-Länderkampf zwischen Deutschland und Italien statt – mit dem späteren römischen Olympia-Teilnehmer Bud Spencer, der unter seinem bürgerlichen Namen Carlo Pedersoli gemeldet war. Er schwamm Europarekord und hatte eine Sommerromanze mit der Bäckerstochter vom »Schalla-Bäck« aus der Bocksgasse.

Jaschlagmisblechle! Seit über 22 Jahren gibt es die weltweit größte SM- und Fetischparty auf einem Binnenschiff – es sticht jeden Juni von Friedrichshafen aus in See. 600 Menschen in Leder und Latex, mit Masken, Peitschen und anderen Utensilien gehen dort ihrer heimlichen Leiden-schaft nach. De Alde secht mr net älles, ond die Jonge brauchet net älles wissa ...

48 Prozent der Schwaben leben im eigenen Häusle.

Haaramba! Der 1944 in Waiblingen geborene Promi-Friseur Udo Walz belegte bei der Gesellenprüfung unter 600 Lehrlingen den 598. Platz.

Der Bodensee heißt
auf Englisch »Lake Constance«,
auf Türkisch »Bodensee'de«,
auf Dänisch »Bodensøen«,
auf Holländisch »Bodenmeer«.
Und auf Chinesisch »Bódēng hú«.

»Grieß Gottle, Herr Keenich!« Der letzte
württembergische König Wilhelm II.
war sehr volksnah und beliebt. Er
spazierte gerne mit seinen weißen
Spitz-Hunden Ali und Rubi durch
Stuttgart und schenkte den Kindern
Süßigkeiten. Manche waren recht
unerschrocken und fragten ihn:
»Keenich, hosch mer nix?«

Was heißt Orgasmus
auf Schwäbisch?
Sodele.

Auf am Wasa graset d'Hasa

Auf am Wasa graset d'Hasa
ond em Necker gambet d'Fisch.
Lieber will i gar koi Schätzle
als en sotta Fledrawisch!

Muader, muasch mr, schlag me's Blechle,
Türleshosa macha lau;
dass i au so Türleshosa
wie der Herr Provisor hau.

Gang mer weg mit Sammetschühla,
gang mer weg mit Bändela;
Bauramädla sen mr liaber,
als so Kaffeebembela.

Wo'ne hau no kratzt ond bissa,
hot mir wella koina küssa;
seit i nemme kratz und beiß,
kriag i Küssla dutzendweis.